반찬 하나로 3가지 요리 만들기

평범한 반찬이 화려한 요리로 재탄생!

JN398131

평범한 반찬이 화려한 요리로 재탄생!
반찬 하나로 3가지 요리 만들기

1판 1쇄 발행 2017년 10월 15일

지은이 | 이밥차 요리연구소
펴낸이 | 김선숙, 이돈희
펴낸곳 | 그리고책(주식회사 이밥차)

주소 | 서울시 서대문구 연희로 192 이밥차빌딩 2층
대표전화 | 02-717-5486~7
팩스 | 02-717-5427
출판등록 | 2003년 4월 4일 제 10-2621호

본부장 | 이정순
편집책임 | 박은식
편집진행 | 심형희, 이현아, 노고은, 최문경
마케팅 | 남유진, 조혜민, 권지은
영업팀 | 정강석
경영전략 | 차은영, 윤나라
사진 | 율스튜디오 박형주(02-545-9908)
푸드 스타일링 | 김지현
디자인 | 렐리시, 르마
ISBN | 978-89-97686-84-1 13590

ⓒ 2017 그리고책

· All right reserved. First edition printed 2017. printed in Korea.
· 이 책을 무단 복사, 복제, 전재하는 것은 저작권법에 저촉됩니다.
· 값은 뒤표지에 있습니다. 잘못 만들어진 책은 바꾸어 드립니다.
· 책 내용 중 궁금한 사항이 있으시면 그리고책(Tel 02-717-5427, 이메일 hunter@andbooks.co.kr)으로 문의해 주십시오.

반찬 하나로 3가지 요리 만들기

평범한 반찬이 화려한 요리로 재탄생!

이밥차 요리연구소 지음

그리고책
andbooks

여는 글

똑똑하게
요리하고,
남김없이 드세요!

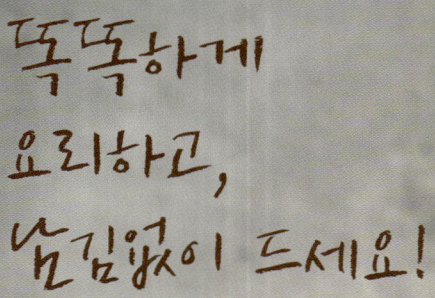

처음 요리를 하게 되면 레시피 따라하는 데만 급급해지죠. 그러다보면 늘 분량 맞추기에 실패하곤 해요. 결국 냉장고에는 쓸쓸히 생명을 다한 두부 반모, 싹이 나버린 감자, 흥건하게 물이 생긴 콩나물들이 차곡차곡 쌓이게 돼요. 그렇다고 필요할 때마다 매번 장을 보기엔 귀찮고, 이왕이면 냉장고 속 남은 재료로 색다른 요리를 만들고 싶은 게 우리 마음이잖아요.

이밥차 요리연구소도 여러분과 같은 고민을 했습니다. 매달 많은 양의 요리를 연구하고 개발하는 팀답게 실제로 냉장고 속에는 늘 남은 재료가 그득하거든요. 그냥 썩어 버리기엔 아까운 재료들, 그저 데워먹기엔 아쉬운 요리들을 보면 얼마나 안타까웠는지 몰라요. 자연스레 '재료는 알뜰하게, 요리는 질림 없이 다양하게 활용할 수 있다면 얼마나 좋을까' 하는 생각을 하게 되었죠. 그래서 이 책, 〈반찬 하나로 3가지 요리 만들기〉를 기획하게 되었습니다.

'재료가 없어서', '재료가 남아서' 또는 '음식이 너무 많이 남아서' 그냥 포기해야 했던 순간들 참 많죠? 우리 부엌에서의 사소하지만 너무 당연했던 고민들, 그 고민들을 이제 이밥차 요리연구소의 〈반찬 하나로 3가지 요리 만들기〉가 해결해드릴게요. 실생활에서 가장 자주 해먹는 재료들의 조리법, 보관법, 활용법을 알려드리고요. 먹고 남은 요리를 색다르게 즐길 수 있는 활용 레시피도 소개했어요. 레시피를 따라하기만 했는데도 기본 반찬 장조림이 장조림버터볶음밥이나 장조림야끼우동같은 근사한 일품요리로 변신한답니다. 집안 곳곳에 보이는 유통기한 임박한 시판 제품들을 활용한 레시피도 배워보세요. 시판 제품들의 도움을 받아 이제 맛집에서만 즐기던 외식메뉴도 손쉽게 만들어보자고요.

부디, 〈반찬 하나로 3가지 요리 만들기〉와 함께 요리 이후의 고민은 잠시 접어두길 바래요. 남은 재료와 음식마저 근사한 요리로 변신시킬 수 있다는 두둑한 자신감만 가득 챙겨주세요.

이밥차 요리연구소

contents

여는 글 4

계량하기 · 분량재기 · 쉽게 다지기 10
냉장고 방출 대상 리스트 13
양념의 쓰임새 14
채소 껍질 벗기기 16
실수 만회하는 응급 조리법 18

Part 1
재료 하나로 반찬 만들기

단호박 • 22
단호박범벅 · 단호박죽 • 23

감자 • 24
감자샐러드 · 코티지파이 • 25

채소(양파, 고추, 감자) • 26
채소볶음 2종 · 팬피자 • 27

시금치 • 28
시금치나물 2종 · 시금치새우전 • 29

배추 • 30
배추된장무침 · 매운어묵배춧국 • 31

브로콜리 • 32
브로콜리무침 · 브로콜리베이컨볶음 • 33

향신채 • 34
순두부된장찌개 · 돼지고기숙주볶음 • 35

쇠고기다짐육 • 36
햄버그스테이크 · 미트볼스파게티 • 37

돼지고기볶음용 • 38
돼지고기콩나물볶음 · 제육묵은지짜글이 • 39

닭고기 • 40
하와이안닭불고기피자 · 베트남식샌드위치(반미) • 41

어묵 • 42
어묵전 · 어묵무침 • 43

두부 • 44
두부간장조림 · 두부볶이 • 44

오징어 • 46
오징어김칫국 · 오징어간장조림 • 47

고등어 • 48
고등어무조림 · 고등어찜 • 49

반찬 하나로
요리 만들기

우엉조림 ● 52
닭고기우엉간장밥 ● 54
우엉김밥 ● 56

고추장어묵볶음 ● 58
꽃빵을 곁들인 고추어묵잡채 ● 60
어묵쫄면 ● 62

삼색나물 ● 64
비빔당면 ● 66
나물전 ● 68

잡채 ● 70
잡채전골 ● 72
김치잡채덮밥 ● 74

무말랭이무침 ● 76
무말랭이메밀국수 ● 78
무말랭이오믈렛덮밥 ● 80

오이장아찌 ● 82
오이지무침을 올린 물국수 ● 84
오이지맛살유부초밥 ● 86

불고기 ● 88
불고기전골 ● 90
떠먹는불고기피자 ● 92

장조림 ● 94
장조림버터볶음밥 ● 96
장조림야끼우동 ● 98

제육볶음 ● 100
제육치즈볶음밥 ● 102
제육볶음케사디아 ● 104

오징어볶음 ● 106
오징어볶음국수 ● 108
오징어오코노미야키 ● 110

멸치볶음 ● 112
멸치비빔국수 ● 114
멸치볶음주먹밥 ● 116

진미채무침 ● 118
진미채삼각김밥 ● 120
진미채두부전 ● 122

Part 3
시판 제품으로 별미요리 만들기

통조림 햄
- 스팸오코노미야키 • 126
- 스팸무스비 • 127
- 프리타타 • 128
- 감자햄볶음 • 129
- 양파볶음햄구이밥 • 130
- 스팸돈부리 • 131

통조림 옥수수
- 옥수수빠스 • 132
- 옥수수게맛살전 • 133
- 콘슬로우 • 134
- 옥수수김밥 • 136
- 옥수수참치전 • 137

통조림 닭가슴살
- 데리야키소스조림덮밥 • 138
- 닭가슴살숙주볶음 • 139
- 닭가슴살초무침 • 140
- 닭고기비빔쌀국수 • 141
- 닭가슴살취나물김밥 • 142
- 닭가슴살부리또 • 143

통조림 참치
- 참치샐러드비빔밥 • 144
- 참치마요덮밥 • 145
- 참치전 • 146
- 참치고추냉이크래커 • 147
- 참치달걀구이토스트 • 148
- 참치스카치에그 • 149

통조림 팥
- 콩가루인절미빙수 • 150
- 팥죽 • 152
- 팥아이스크림 • 153
- 도라야끼 • 154
- 팥인절미춘권피말이 • 155

통조림 골뱅이
- 골뱅이파무침 • 156
- 골뱅이묵상추무침 • 157
- 치뱅튀김 • 158
- 동남아풍골뱅이샐러드 • 160
- 골뱅이파전 • 161

통조림 꽁치
- 꽁치간장조림 • 162
- 꽁치무조림 • 163
- 꽁치난반즈케 • 164
- 꽁치소시지김치찌개 • 166
- 꽁치김치찜 • 167

냉동돈가스 & 너겟
- 돈가스샐러드 • 168
- 돈가스꼬치 • 169
- 돈가스샐러드토스트 • 170
- 닭강정 • 172
- 매콤깐풍돈가스 • 173

냉동 만두
비빔만두 ● 174
고추간장군만두 ● 175
만두탕수 ● 176
만두그라탱 ● 177
청경채물만두볶음 ● 178
굴짬뽕만둣국 ● 179

시판소스
무사카 ● 180
두부김치그라탕 ● 181
이탈리안함박스테이크 ● 182
미트볼 ● 184
타코라이스 ● 185

핫케이크가루
팬케이크 ● 186
원디시아이스크림 ● 187
바나나초코칩머핀 ● 188
바나나티라미수 ● 189
설탕핫도그 ● 190
소프트롤케이크 ● 191

식빵
허니버터토스트 ● 192
통식빵잼토스트 ● 193
햄치즈프렌치토스트 ● 194
코코넛프렌치토스트 ● 195
클럽샌드위치 ● 196
식빵잼쿠키 ● 197

짜장가루
짜장떡볶이 ● 198
짜장핫도그 ● 199
짜장오삼불고기 ● 200
짜장제육불고기 ● 201
채소듬뿍짜장 ● 202
어묵짜장볶음 ● 203

카레가루
카레김치볶음밥 ● 204
카레리소토 ● 205
카레닭볶음탕 ● 206
카레닭조림 ● 207
카레보나라우동 ● 208
뿌리채소카레볶음 ● 209

쌈장
쌈장장떡 ● 210
마늘종쌈장 · 홈메이드쌈장 ● 211
삼겹김치쌈밥 ● 212
베이컨버섯쌈장볶음납 ● 214
쌈장목살볶음 ● 215

쯔유
쇠고기덮밥 ● 216
홈메이드쯔유 ● 217
김치어묵우동 ● 218
일본식연두부 ● 219
미니냉모밀 ● 220
미역두부볼튀김 ● 221

인덱스 ● 222

밥숟가락으로 쉽게 계량하기

● 가루 분량 재기

설탕(1)
숟가락으로 수북이 떠서 위로 볼록하게 올라오도록 담아요.

설탕(0.5)
숟가락의 절반 정도만 볼록하게 담아요.

설탕(0.3)
숟가락의 ⅓정도만 볼록하게 담아요.

● 다진 재료 분량 재기

다진 마늘(1)
숟가락으로 수북이 떠서 꼭꼭 담아요.

다진 마늘(0.5)
숟가락의 절반 정도만 꼭꼭 담아요.

다진 마늘(0.3)
숟가락의 ⅓정도만 꼭꼭 담아요.

● 장류 분량 재기

고추장(1)
숟가락으로 가득 떠서 위로 볼록하게 올라오도록 담아요.

고추장(0.5)
숟가락의 절반 정도만 볼록하게 담아요.

고추장(0.3)
숟가락의 ⅓정도만 볼록하게 담아요.

● 액체 양념 분량 재기

간장(1)
숟가락 한가득 찰랑거리게 담아요.

간장(0.5)
숟가락의 가장자리가 보이도록 절반 정도만 담아요.

간장(0.3)
숟가락의 ⅓정도만 담아요.

종이컵으로 분량 재기

육수(1컵=180ml)

종이컵에 가득 담아요.

육수(½컵=90ml)

종이컵의 절반만 담아요.

밀가루(1컵=100g)

종이컵에 가득 담아 윗면을 깎아요.

다진 양파(1컵=110g)

종이컵에 가득 담아 윗면을 깎아요.

아몬드(½컵)

종이컵의 절반만 담아요.

멸치(1컵)

종이컵에 가득 담아요.

눈대중으로 분량 재기

애호박(½개=100g)

양파(¼개=50g)

무(1토막=150g)

당근(½개=100g)

대파흰부분(1대=10cm)

마늘(1쪽=5g)

생강(1톨=7g)

돼지고기(1토막=200g)

손으로 분량 재기

콩나물(1줌)

손으로 자연스럽게 한가득 쥐어요.

시금치(1줌)

손으로 자연스럽게 한가득 쥐어요.

국수(1줌=1인분)

500원 동전 굵기로 가볍게 쥐어요.

11

쉽게 다지기

● 양파 다지기

꼭지부분을 0.5cm 정도 남기고 결을 따라 길게 칼집을 넣어요.

직각으로 돌려 썰어요.

칼로 조금 더 잘게 다져요.

● 마늘 다지기

마늘 꼭지를 제거해요.

칼등으로 눌러 으깨요.

직각으로 돌려 썰어요.

● 대파 다지기

대파는 끝을 0.5cm 정도 남기고 결대로 길게 칼집을 넣어요.

직각으로 돌려 썰어요.

칼로 조금 더 잘게 다져요.

'+' 표시의 의미

양념장, 소스, 드레싱
음식을 만들기 전에 미리 섞어 놓으면 좋은 양념이에요. 미리 섞어두면 숙성되면서 맛이 어우러져 더 깊은 맛을 내거든요. 재료에 +로 표시되어 있다면 미리 섞어두세요.

그 외 알아두기

약간 소금이나 후춧가루 등을 약간 넣었다면 엄지와 검지로 살짝 집은 정도를 말해요.

필수 재료 필수 재료는 음식을 만들기 위해서 꼭 필요한 재료를 말해요.

선택 재료 선택 재료는 있으면 좋지만 기본적인 맛을 내는데는 크게 영향을 끼치지 않는 재료를 말해요. 다른 비슷한 재료로 바꾸거나 생략이 가능해요.

양념 다진마늘, 간장, 고추장, 식초, 설탕 등 요리의 맛을 내기 위해서 쓰이는 재료를 말해요.

냉장고 방출 대상 리스트

가뜩이나 좁잖아요

항상 믿고 맡기는 냉장고! 그렇다고 모든 걸 감당할 순 없답니다. 냉장고의 찬 공기를 싫어하는 식품들, 괜히 자리만 차지하는 재료들은 과감하게 내보내 주세요.

냉장실 환경 파괴자 뜨거운 음식

냉장고에 뜨거운 음식을 넣으면 주변 온도를 높여 박테리아가 번식하기 좋아요. 가열한 음식은 반드시 식혀서 넣으세요. 음식 양이 많다면 소분해서 식히고, 용기를 얼음물에 담가 온도를 낮춘 후에 냉장실에 넣어요.

따뜻할수록 잘 익어요 바나나

바나나는 수확 후에도 계속 익는 후숙성 과일! 계속 숨을 쉬며 익도록 상온에 두세요. 껍질에 거뭇한 점들이 올라오기 시작할 때가 가장 맛있답니다.

키위나 망고도 실온에!

수명 짧은 탈취제 베이킹소다

빵을 만들 때 쓰는 베이킹소다는 실온에서 3년 이상 쓸 수 있지만 냉장고 탈취제로 쓸 땐 달라요. 베이킹소다가 굳어서 딱딱해지지 않도록 매달 교체해야 효과가 있답니다. 냉장고에서 꺼낸 베이킹소다는 청소용으로 쓰세요.

싹싹싹이 났어요 양파

열과 습기에 약한 양파를 냉장고에 두면 무르고 곰팡이가 생기기 쉬워요. 껍질을 벗기지 않고 망째로 어둡고 통풍이 잘되는 곳에 매달아 두는 게 가장 좋아요.

무더운 여름에는 종이봉투나 신문지에 싸서 채소 칸에 넣어요.

맛이 뚝 떨어지는 토마토, 고구마

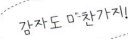

토마토는 냉장고의 찬 공기에 숙성을 멈추고 풍미를 빼앗겨요. 바구니에 담고 열이 나는 가전제품 근처를 피해 선선한 곳에 두세요. 고구마는 차가운 곳에 두면 단맛도 떨어지고 금방 썩어요. 12~15℃ 정도의 통풍이 잘되고 서늘한 곳에 보관해요 단, 17℃ 이상에서는 싹이 날 수 있어요.

감자도 마찬가지!

추운 건 싫어요 꿀, 올리브유

꿀은 밀봉하면 평생 상하지 않을 정도로 저장성이 좋아요. 하지만 추운 곳에 두면 결정이 생기면서 설탕처럼 굳어 버린답니다. 올리브유도 마찬가지로 차가운 곳에서 하얗게 굳어요. 상온에 두면 꿀, 올리브유 둘 다 원래 상태로 회복돼요.

너무 착해서 탈! 바질, 원두

바질은 냉장고 안에서 더 빨리 시들고 원두는 맛과 향을 잃어버리죠. 게다가 다른 음식과 함께 보관하면 나쁜 냄새를 빨아들여요. 탈취제로 쓸 게 아니라면 바질은 꽃처럼 물에 담아 실온에, 원두는 밀폐용기에 담아 서늘한 곳에 두세요.

자리만 차지하는 통조림, 핫소스

개봉 전의 통조림, 핫소스는 냉장실에 둘 필요가 없어요. 직사광선만 피하면 유통기한까지 문제없으니까요. 개봉한 통조림의 내용물은 밀폐용기에 담아 보관하세요.

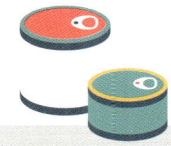

식재료 보관법이 헷갈릴 땐! 마트 진열대를 떠올려보세요.

요리초보들이 긴가민가 하는
양념의 쓰임새
모른 채로 쓰던 양념장! 저마다의 특징을 콕콕 짚어드려요.

설탕 대신 이만큼!
설탕(1) = 꿀(0.8) = 조청(1) = 물엿(1.5~2.0) = 올리고당(2)

① 설탕은 강한 단맛으로 방부작용을 해 절임, 잼 등을 만들 때 사용하고, 고기 밑간할 때 넣으면 단백질의 결합을 끊어 연육 작용을 해요. 황설탕과 흑설탕은 백설탕을 재가열해 만든 것으로 조림류, 약밥, 호떡을 만들 때 사용하면 먹음직스러운 색을 내요.

② 꿀에는 은은한 단맛과 달콤한 향이 있어요. 가열하면 비타민이 파괴되고 향이 날아가니 조리시엔 불을 끄고 난 직후에 넣어요. 미네랄, 비타민 등의 영양소가 풍부하고 항균력과 면역력에 도움을 줘 차로 마셔도 좋아요.

③ 조청은 오래 끓여도 단맛이 날아가지 않아요. 색이 가장 짙고 특유의 구수한 맛이 있어 구운 떡을 찍어 먹거나 맛탕을 만들 때 베스트!

④ 물엿은 투명하고 특별한 향 없이 재료에 농도와 윤기를 더해요. 멸치볶음 등 반찬을 할 때 처음부터 넣으면 덩어리지니 마지막에 넣어 가볍게 섞은 뒤 바로 불을 꺼요. 바삭한 강정, 견과류바를 만들 땐 물엿이 좋아요.

⑤ 올리고당은 물엿보다 비싸지만 열량이 낮아요. 설탕보다 단맛이 덜하니 대신 사용할 땐 양을 2배로 늘려요. 물엿처럼 조리시 맨 마지막에 투입! 차가운 음료, 드레싱에도 좋아요.

---

① 간장은 염분과 수분이 섞여 있어 소금으로 간을 맞출 때보다 많이 넣어야 해요. 간장으로만 간하면 색이 탁해지고 특유의 짠내가 날 수 있어요.

② 국간장은 콩으로 메주를 쑤어 소금물에 30~60일 정도 담가 두었다가 그 국물을 떠내 달여서 만들어요. 조선간장 또는 진간장 보다 맑아 청장이라고도 해요. 진간장보다는 훨씬 짜지만 색은 맑고 달지 않아 국물요리나 나물을 무칠 때 쓴답니다.

③ 진간장은 색이 진하고 국간장보다 오랜 시간 숙성해 달착지근하고 감칠맛이 좋죠. 열을 가해도 맛이 변하지 않아 장조림, 볶음요리에 잘 어울려요. 진간장에는 산 분해간장, 양조간장, 산 분해간장과 양조간장을 섞은 혼합간장이 있어요. 진간장을 구입할 땐 뒷면의 성분 분석표를 확인해 100% 양조간장을 고르세요. 첨가물이 들어간 산 분해간장보다 가격은 비싸도 몸에 좋거든요.

짠맛 서열 정리
소금 > 국간장 = 조선간장 > 진간장

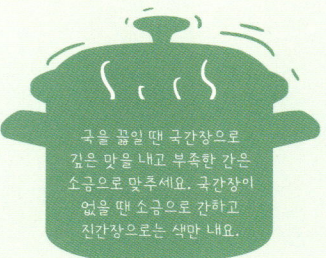

국을 끓일 땐 국간장으로 깊은 맛을 내고 부족한 간은 소금으로 맞추세요. 국간장이 없을 땐 소금으로 간하고 진간장으로는 색만 내요.

> 맛술은 요리용 술이에요. 도수가 낮아 알코올의 향이 적고 단맛과 감칠맛이 나요.

청주, 소주, 맛술

> 셋 다 잡내를 잡고 고기를 부드럽게 하지만 맛은 달라요.

청주는 탁주를 촘촘한 체에 걸러 만든 맑은 술을 말해요. 보통 한식에서는 도수가 13% 정도로 소주보다 약하고 향이 순한 술을 말하며 고기, 생선 등의 잡내를 잡을 때 써요. 청주 대신 소주를 사용하면 도수가 높아서 적은 양을 사용해도 돼요.

전분 = 녹말가루

> 녹말물로 걸쭉한 농도를 낼 때는 차가운 물에 전분을 1:1 비율로 풀어서 써요. 끓는 국물에 바로 넣으면 덩어리로 뭉쳐버려요.

① 해물찜, 마파두부 등 요리에 걸쭉한 소스를 만들 땐 감자나 고구마전분을 구입하면 돼요. 적은 양으로도 걸쭉한 농도가 나고 끓여도 투명하기 때문에 농도를 맞추기 좋아요. 바삭하면서도 쫀득한 튀김을 만들 때나 고기를 볶기 전에 입히면 육즙이 빠지지 않고 양념이 잘 흡착돼요.

② 강정처럼 바삭한 튀김이나 베이킹에는 옥수수전분을 써요. 옥수수전분은 점성이 덜하니 소스의 농도를 맞출 땐 감자전분 분량의 두배를 사용해요.

참치액 vs 멸치액젓 vs 까나리액젓

> 멸치액젓이 까나리액젓보다 훨씬 저렴해요!

① 참치액은 훈연한 참치를 추출해 다시마, 무, 감초 등을 넣어 만들어 구수한 가쓰오부시 맛이 나요. 우동, 수제비, 장국 등의 맑은 국물요리에 써요.

② 멸치액젓, 까나리액젓은 생선을 발효하고 숙성시킨 뒤 달여서 만들어요. 각종 김치나 동태찌개 등에 깊은 맛을 낼 때나 동남아요리에 피시소스 대신 사용해요.

▶ 멸치액젓 = 구수하고 깊은 맛↑ 단맛↓ ■ 김장김치, 게장, 장아찌, 찌개
▶ 까나리액젓 = 비린내↓ 단맛↑ ■ 겉절이, 무침, 국, 찜

고추장+고춧가루

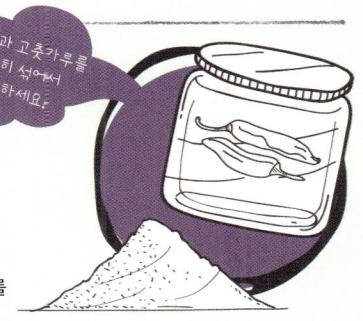

> 고추장과 고춧가루를 적절히 섞어서 사용하세요!

① 고추장은 고춧가루와 메줏가루, 엿기름 등을 저온에서 숙성시킨 발효식품이에요. 매운맛에 단맛, 발효된 감칠맛까지 담겨 있어요. 고기나 해산물볶음 요리에 넣으면 매콤하면서 촉촉하게 양념이 잘 어우러져요.

② 고춧가루는 칼칼하고 강렬한 매운맛이에요. 굵은 것과 고운 것을 준비해 요리에 맞게 사용해요. 김치나 국물요리 등 한식에는 보통 굵은 고춧가루를 사용하고 무침 등에 고르게 색을 내고 싶을 땐 고운 고춧가루를 사용해요.

> 기술이 필요해요

채소 껍질 벗기기

**무작정 칼부터 들이대면 하수!
채소마다 껍질을 벗기는 정도와 방법이 다양하답니다.**

아스파라거스

질긴 밑동 부분을 손톱만큼 잘라내고, 중간부터 밑동까지 감자칼로 얇게 껍질을 벗겨요.

TIP 두꺼울수록 껍질을 많이 벗겨요. 휘어질 정도로 여릴 땐 그대로 사용해도 OK!

토마토

토마토 꼭지를 제거하고 반대편에 십자로 칼집을 넣어 뜨거운 물에 10초간 데치면 껍질이 일어나요. 찬물에 담근 뒤 홍시 껍질 벗기듯 손끝으로 살살 벗겨요.

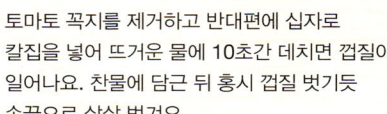

> 냄비에 토마토가 잠길 만큼 물을 넣고 칼집 넣은 부분이 바닥으로 가도록 넣어요.

우엉

도마 위에 올려 돌려가며 감자칼로 껍질을 얇게 벗겨요. 먹기 좋게 썰어 식촛물(물3컵+식초2)에 담가 갈변되지 않도록 준비해요.

은행

딱딱한 겉껍질을 벗긴 뒤 중약 불로 달군 팬에 식용유(0.2)를 둘러 은행을 볶아요. 윤기가 돌면서 껍질이 벌어지면 꺼내고 키친타월로 비벼 벗기면 초록색 은행알만 남아요.

껍질 벗기기 애매한 재료도 있죠?

🥕 당근 껍질은 어떻게 벗기나요?
당근 껍질에는 각종 영양소가 풍부하지만 흙이 많아 꺼려지죠. 묵은 당근은 흙이 남지 않도록 칼로 긁어서 매끈하도록 껍질을 벗겨요. 햇당근은 손으로 비벼 물에 씻기만 해도 돼요.

🥒 오이도 껍질을 벗기나요?
오이는 굵은 소금으로 문질러 씻으면 사이사이 깨끗해지고 색이 살아나요. 꼭지 부분의 쓴맛은 가열해도 없어지지 않으니 먼저 도려내세요. 질긴 껍질의 식감이 싫다면 감자칼로 가시만 살짝 제거해요.

🍄 껍질이 없는 버섯은 어떻게 씻나요?
버섯은 깨끗한 환경에서 자라 물에 씻거나 껍질을 벗겨낼 필요가 없어요. 더러운 부분은 젖은 키친타월로 가볍게 닦아내요.

통마늘

겉껍질을 까서 전자레인지에 넣고 10초간 돌린 뒤 손으로 비벼 껍질을 까요.

TIP 살짝 익어서 냄새도 덜 나고 껍질이 훌훌 벗겨져요.

단호박

단면을 평평하게 잘라 도마 위에 얹고, 한 손으로 고정해 칼로 조금씩 저미듯이 껍질을 벗겨요.

TIP 전자레인지에 2~3분 정도 살짝 돌리면 부드러워져 칼질이 쉬워요.

감자칼로 껍질을 벗겨도 좋아요.

셀러리

줄기만 써요.

잎과 밑동을 잘라내고, 밑 부분에 가볍게 칼집을 넣어 섬유질을 잡아당겨 벗겨요.

TIP 영양소가 풍부한 잎을 육수나 주스에 넣으면 짭조름한 맛과 향이 더해져요.

식감이 질긴 섬유질 부분은 소화를 방해해요.

생강

비닐에 넣어 4시간 동안 냉동하고, 양파망에 넣어 양손으로 세게 비벼서 벗겨요.

생강 손질 영상 보기

생강의 틈새는 포일을 뾰족하게 만든 뒤 긁어서 벗겨요.

실수 만회하는 응급 조리법

그냥 버리기 너무 아까우니까

정성을 다해 요리했는데 맛이 없을 때 버리자니 아깝고 그냥 먹기는 좀 아쉽죠? 양념 한 숟갈, 재료 하나만 더하면 부족했던 음식 맛이 살아난답니다. 요리가 쉬워지는 간 맞추기 포인트도 함께 알려드려요.

1

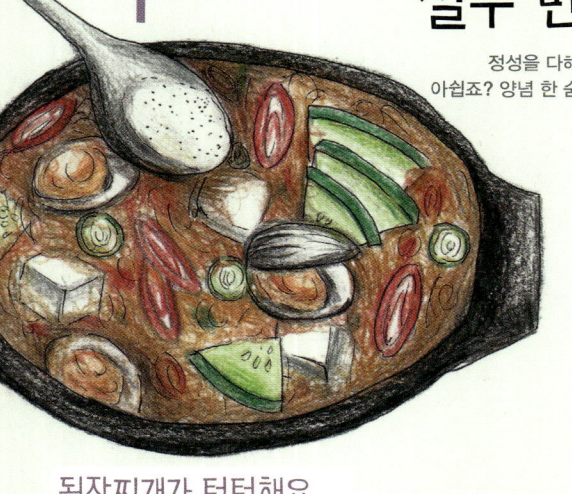

된장찌개가 텁텁해요

재래식 된장으로 찌개를 끓이면 깊고 구수한 맛은 살아나지만 끝에 남는 텁텁함이 항상 고민이죠? 텁텁한 된장찌개를 살리는 솔루션! 바로 설탕입니다. 설탕을 약간만 넣어보세요. 텁텁함은 사라지고 맛이 부드러워진답니다. 고추장찌개나 제육볶음의 텁텁한 맛 역시 설탕으로 해결! 설탕이 없다면 대신 꿀을 약간 넣어줘도 좋아요.

된장찌개 맛있게 끓이는 법을 알아볼까요?

재래식 된장은 처음부터 넣고 푹 끓여야 맛이 우러나지만 시판 된장은 오래 끓이면 뒷맛이 떫고 시큼해져요. 따라서 시판 된장을 사용할 때는 채소가 거의 다 익었을 때 된장을 풀어 10분 이내로 살짝만 끓이세요. 재래식 된장과 시판 된장의 비율은 1:2 또는 1:3 정도가 적당해요. 된장을 넣는 순서는 재래식 된장 먼저 넣고 끓이다가 마지막에 시판 된장을 넣어요.

2

묵은지 군내, 없앨 수 있을까요?

새로 김장을 하면 김치냉장고 속 묵은지 처치가 고민이에요. 그냥 먹어도 맛있는 묵은지도 있지만 보통은 시큼한 군내 때문에 처치곤란인 경우가 많아요. 군내의 주범은 바로 김칫소! 통째로 꺼내 김칫소가 씻겨 나가도록 물에 살살 씻으면 군내를 줄일 수 있어요. 씻은 묵은지는 김치전, 김치볶음, 김치찜, 김치볶음밥 등 다양한 요리에 활용하세요.

3

잼이 너무 달아요

요즘 홈메이드 잼 만들기가 유행인데요. 설탕 양이 많거나 너무 많이 조리면 단맛이 과일 맛을 덮어버려요. 이럴 때는 먹을 만큼 덜어서 레몬즙과 섞어주세요. 레몬의 풍미가 단맛을 줄이고 색깔까지 선명하게 만들어요.

4 음식이 너무 짜졌어요

싱거운 음식에는 간을 더하면 되지만 짠 음식은 수습이 어려워요. 이럴 때는 식초 2방울을 떨어뜨려보세요. 식초가 짠맛을 중화시켜준답니다. 그렇다고 해서 너무 많이 넣지는 마시고요. 국 간 맞추기도 참 어렵죠? 국물이 짤 때는 물을 붓기보다 감자나 무를 썰어 넣어보세요. 익으면서 소금기를 흡수해 맛이 부드러워져요. 카레가 짜다면 사과를 갈아서 넣어요. 사과의 단맛이 짠맛을 중화시키고 감칠맛은 살려준답니다. 먹다 남아 뻑뻑해진 카레를 데울 때는 우유가 해답! 카레가 부드럽게 풀어질 정도로 넣어 끓이면 카레 특유의 맛은 살리면서 한층 고소해져요.

국 간 맞추기 실수하지 않는 방법!

처음부터 간을 맞춰 끓이면 국물이 졸아들면서 짜질 수 있기 때문에 간은 마지막에 보세요.

소금과 간장, 국물에 잘 쓰기

소금은 조개탕이나 뭇국처럼 맑은 국에 넣으세요. 시원한 맛이 살아나고 식었을 때도 맛이 끝까지 유지된답니다. 김치찌개처럼 양념이 강한 음식들은 국간장으로 간을 맞추세요. 간장 속 콩의 아미노산 성분이 감칠맛과 자연스러운 단맛까지 더해요. 은근 어려운 쇠고기미역국 간 맞추는 비법은 바로 국간장과 천일염의 콜라보레이션! 기본적으로 국물 맛을 살려주는 국간장으로 색을 내고 나머지 부족한 간은 천일염으로 맞추세요.

5 김장 김치 심폐소생술

큰맘 먹고 담근 김장 김치가 짜거나 싱거우면 어떻게 수습해야 할지 막막하죠. 재료를 딱 하나만 더하면 죽어가던 김치를 살릴 수 있답니다. 우선 짠 김치 해결방법! 바로 무입니다. 무를 얄팍하게 썰어 배춧잎 사이사이에 끼워 넣어주세요. 큼직큼직하게 썰어 김치통 군데군데 박아 넣어도 좋고요. 배추와 무가 익으면서 짠맛도 줄어들고 국물 맛도 시원해진답니다. 3~4일 정도 지나면 무도 맛있게 익으니 버리지 말고 함께 꺼내 드세요. 밥 위에 척 올려 먹어도, 라면과 곁들여도 찰떡궁합을 자랑하니 석박지를 따로 담글 필요가 없어요. 반대로 김치가 싱거울 때는 소금이나 액젓을 더 넣으면 되는데요. 배추 위에 바로 뿌리는 것보다 김치 국물만 따라내 소금을 더하거나 새우젓이나 액젓을 타서 배추에 끼얹으세요. 김치가 다 익고 나서 소금을 넣으면 씁쓸한 맛이 날 수 있으니 김장하고 2~3일 정도 후에 맛을 보고 간을 맞추는 것이 베스트 타이밍!

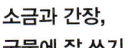

재료 하나로 반찬 만들기

식재료 손질만 잘해도 요리의 반은 완성!
우리가 많이 쓰는 식재료의 손질법과 보관법을
알려드려요. 응용 요리 레시피도 놓치지 마세요!

단호박

단호박, 감자, 고구마는 덩어리째 얼리거나 으깨서 얼려도 상태가 잘 보존돼요. 전자레인지에 해동만 하면 조리를 하지 않고 그대로 먹어도 맛있어요. 전자레인지에 해동할 때는 냉동한 지퍼백의 입구를 살짝 열어 그대로 해동하는데 겉이 마르지 않도록 물을 담은 용기를 같이 넣으면 좋아요.

찜기에 찌기

필수 재료 단호박(1개=900g~1kg)

1
단호박은 2~4등분하고,

2
숟가락으로 속씨를 제거하고,

한 김 날리면 질척거리지 않고 포실포실해져요.

3
김이 오르는 찜기에 속부분이 밑으로 가도록 엎어 10~15분간 찌고, 젓가락으로 찔러 부드럽게 들어가면 불을 끄고 뚜껑을 열어 뜨거운 김이 빠질 때까지 식혀 마무리.

| POINT |
꼭지가 위로 가게 찌면 찜기에서 떨어진 물이 움푹한 곳에 고여서 질척해지므로, 꼭 엎어서 찌기.

냉동하기

1
½개는 껍질째 한입 크기로 깍둑 썰어 지퍼백에 겹치지 않도록 펼쳐 담아 냉동해 마무리.

익힌 채소는 뜨거운 김이 완전히 빠진 뒤 냉동해야 빠르게 냉동이 돼요.

2
½개는 껍질을 벗긴 뒤 으깨 지퍼백에 납작하게 담아 냉동해 마무리.

냉동기간

2~3주 보관 가능해요.

해동하기

전자레인지로 해동하거나 바로 조리해요.

냉동 단호박 활용 레시피

단호박범벅

단호박은 열량이 낮아 다이어터들이 많이 찾는 식재료예요. 드레싱도 무겁지 않은 플레인 요거트를 사용해 하루 한끼 가볍게 식사대용으로 훌륭해요.

2인분

필수 재료   삶은 단호박(¼개 분량), 플레인 요거트(½팩=43g), 다진 견과류(1줌)
TIP 이밥차에서는 다진 견과류로 피스타치오, 아몬드 슬라이스, 해바라기씨를 사용했어요.
선택 재료   건크랜베리(⅓컵), 꿀(3)

1. 깍둑 썰어 냉동한 단호박은 지퍼백 입구를 약간 열어 전자레인지에 해동해 한 김 식히고,
2. 플레인 요거트와 꿀을 단호박에 넣어 버무리고,
TIP 꿀은 플레인 요거트의 단맛에 따라 넣는 양을 조절해주세요.
3. 다진 견과류와 건크랜베리를 넣고 버무려 마무리.

단호박죽

아플 때 많이 찾게 되는 음식이 죽이죠. 단호박의 달콤함과 고소한 맛 때문에 잃어 버린 입맛도 되살아 날 거예요.

2인분

필수 재료   삶은 단호박(½개), 찹쌀가루(2)
양념   설탕(1), 소금(약간)

1. 냄비에 으깬 단호박과 물(2½컵)을 넣어 중간 불로 끓이고,
TIP 물과 같이 넣고 끓여 따로 해동을 하지 않아도 돼요.
2. 끓어오르면 찹쌀가루와 물(4)을 섞어 조금씩 부으면서 농도를 맞춰 걸쭉한 농도가 될 때까지 끓이고,
3. 되직해지면 설탕과 소금으로 간을 맞춰 마무리.
TIP 대추꽃이나 잣을 얹어 장식해도 좋아요.

감자

감자도 단호박처럼 삶아 한입 크기로 썰거나 으깨 냉동 보관할 수 있어요. 해동이 따로 필요 없고 반찬에 많이 사용되는 식재료라 감자 한 봉지 사서 밑손질을 해두면 조리 시간을 훨씬 단축시킬 수 있어요.

물에 삶기

필수 재료 감자(6개)
양념 소금(0.2)

1 감자는 깨끗이 씻고,

2 냄비에 감자와 소금을 넣고 넉넉하게 물을 부어 젓가락으로 찔렀을 때 부드럽게 들어갈 때까지 중간 불에서 삶아 마무리.

> 감자는 껍질째 통으로 익히는 게 맛과 영양의 손실이 적어요. 삶을 때 약간의 소금을 넣으면 속까지 간이 잘 배요.

| POINT |
감자는 다 삶아지면 바로 물에서 건져야 질척이지 않아요.

냉동하기

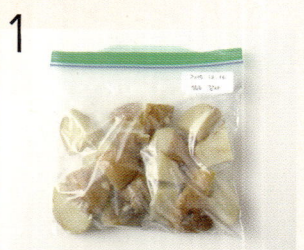

1 껍질째 한입 크기로 깍둑 썰어 한 김 식혀 지퍼백에 겹치지 않도록 담아 냉동해 마무리.

2 따뜻할 때 껍질을 벗겨 으깬 뒤 한 김 식혀 지퍼백에 납작하게 담아 냉동해 마무리.

냉동기간

2~3주 보관이 가능해요.

해동하기

전자레인지로 해동하거나 바로 조리해요.

냉동 감자 활용 레시피

감자샐러드

감자에 아삭한 맛을 더해줄 양파와 오이를 넣은 샐러드예요.
식빵을 노릇하게 구워 샌드위치 소로 사용해도 좋아요.

3인분

필수 재료	삶은 감자(2개), 베이컨(2줄)
선택 재료	양파(¼개), 오이(⅓개)
양념	소금(0.2)
스위트갈릭소스	파르메산 치즈가루(2)+다진 마늘(0.3)+마요네즈(3)+허니머스터드(0.5)+꿀(1.5)+파슬리가루(약간)+후춧가루(약간)

1. 깍둑 썰어 냉동한 감자는 전자레인지에 해동하고, 양파는 얇게 채 썰어 찬물에 헹구고, 베이컨은 한입 크기로 썰고,
   TIP 크기가 큰 양파는 길이를 2등분해서 채 썰어요. 찬물에 헹궈내야 아린 맛이 나지 않아요.
2. 오이는 길게 2등분해 가운데 씨를 제거한 뒤 얇게 썰어 소금(0.2)에 10분 정도 절여 물기를 짜고,
3. 중간 불로 달군 팬에 베이컨을 노릇하게 볶아 건지고,
4. 볼에 삶은 감자와 양파, 오이, 베이컨, **스위트갈릭소스**를 넣고 고루 섞어 마무리.

코티지파이

고급스러운데 의외로 간단한 영국 대표 가정식요리예요. 으깬 감자에 새콤한 소스를 더해 부드럽고 든든한 한끼 식사랍니다.

2인분

필수 재료	으깬 감자(3개 분량), 우유(¼컵), 토마토(½개), 양파(½개), 다진 쇠고기(1컵=150g)
선택 재료	피망(⅓개), 양송이버섯(2개)
양념	버터(1), 파르메산 치즈가루(2.5), 소금(약간), 후춧가루(약간), 케첩(2), 우스터소스(1), 물엿(1)

1. 으깨서 냉동한 감자는 전자레인지에 해동해 우유(¼컵)와 버터(1), 파르메산 치즈가루(1), 소금(약간), 후춧가루(약간)를 섞고,
2. 토마토, 양파, 피망, 양송이버섯은 굵게 다지고,
3. 센 불로 달군 팬이 식용유(1)를 두르고 양파를 볶다가 투명해지면 다진 쇠고기를 넣어 볶고,
4. 고기 색이 변하면 토마토, 피망, 양송이버섯을 볶다가 케첩(2), 우스터소스(1), 물엿(1), 후춧가루(약간)를 넣고,
5. 오븐용기에 볶은 채소와 고기를 담고 으깬 감자로 덮은 뒤 파르메산 치즈가루(1.5)를 뿌려 200℃로 예열한 오븐에서 노릇하게 구워 마무리.

채소
(양파, 고추, 감자)

반찬에 많이 쓰이는 양파, 고추, 감자를 길게 채 썰어 냉동해 놓으면 매번 번거롭게 채 썰지 않아도 맛있는 밑반찬을 만들 수 있어요. 고추장, 간장 등 양념을 달리하면 한 가지 식재료로 두 가지 반찬을 맛볼 수 있답니다. 해동할 필요 없이 바로 불에 볶아 요리하면 돼요.

볶기

필수 재료 감자(2개), 청·홍고추(1개씩), 양파(½개)
양념 소금(0.1), 후춧가루(약간)

1 감자는 채 썰어 찬물에 헹궈 전분기를 빼고,

전분기를 빼내야 볶는 동안 팬에 들러붙지 않아요.

2 고추, 양파는 채 썰고,

감자가 '아작'할 정도로 살짝 덜 익혀요.

3 센 불로 달군 팬에 식용유(1)를 두르고 감자를 넣어 볶고, 감자의 가장자리가 투명해지면 고추와 양파를 넣어 소금과 후춧가루로 간해 1분간 볶은 뒤 완전히 식혀 마무리.

냉동하기

1 지퍼백에 채소볶음을 한 번 먹을 만큼씩 담아 납작하게 펼쳐 냉동해 마무리.

냉동기간

1주 보관이 가능해요.

해동하기

해동 과정 없이 바로 사용해요.

냉동 채소 활용 레시피

채소볶음 2종

미리 썰어 냉동한 채소를 해동할 필요 없이 달군 팬에 양념과 함께 볶으면 아삭한 맛을 느낄 수 있어요.

2인분

필수 재료 채소볶음(2컵)
간장양념장 설탕(0.5)+간장(1)+맛술(1)+
다진 마늘(0.3)+참기름(0.5)+물엿(1)+부순 참깨(0.3)

1. 중간 불로 달군 팬에 식용유(1)를 둘러 냉동한 채소볶음을 넣어 볶고,
2. **간장양념장**을 부어 고루 섞어가며 볶아 마무리.

필수 재료 채소볶음(2컵)
고추장양념장 고춧가루(0.3)+간장(0.5)+다진 마늘(0.3)+
물엿(1.5)+고추장(0.5)+참기름(0.7)+부순 참깨(0.5)

1. 중간 불로 달군 팬에 식용유(1)를 둘러 냉동한 채소볶음을 넣어 볶고,
2. 열기가 오르면 **고추장양념장**을 넣고 타지 않게 고루 저어가며 간이 배도록 볶아 마무리.

팬피자

채소볶음으로 도우를 대신해 피자를 만들어 보세요. 간식도 되고 반찬도 되는 메뉴예요.

2인분

필수 재료 채소볶음(1½컵), 토마토소스(½컵),
슈레드 모차렐라치즈(½컵)
선택 재료 통조림 옥수수(¼컵), 파슬리가루(약간)

1. 중간 불로 달군 팬에 식용유(1)를 둘러 냉동한 채소볶음을 볶아 따뜻해지면 고루 펼쳐 모양을 잡고,
2. 약한 불로 줄인 뒤 토마토소스와 통조림 옥수수, 슈레드 모차렐라치즈를 얹고,
3. 뚜껑을 덮어 치즈가 녹을 때까지 익히고, 파슬리가루를 뿌려 마무리.

시금치

시금치나 배추는 해동하면서 물러지기 쉬운데요. 잎채소를 익혀서 냉동할 때에는 평소보다 익히는 시간을 짧게 하고 물기를 꼭 짜는게 포인트예요. 용도에 맞는 방법으로 냉동해 사용해요.

물에 데치기

필수 재료 시금치(2줌)
양념 소금(0.2)

1 잎 부분에 묻어 있는 흙과 이물질을 깨끗이 씻은 뒤 흐르는 물에 1~2번 더 헹구고,

2 뿌리와 누런 잎을 떼고,

> 여린 시금치는 뿌리도 먹을 수 있으니 뿌리부분에 지저분한 것만 긁어내요.

> 낮은 열기로도 시금치가 익어 물러질 수 있으니 바로 식혀야 해요.

3 끓는 물(5컵)에 소금을(0.2)을 넣고 시금치의 줄기부터 담그고 5초 뒤 잎까지 넣어 살짝 더 데쳐 시금치의 색이 선명해지면 바로 찬물에 헹궈 마무리.

냉동하기

1 데친 시금치는 물기를 꼭 짜 한 번 사용할 만큼씩 소분해 랩으로 싸고,

2 지퍼백에 담아 냉동해 마무리.

> 익힌 채소는 뜨거운 김이 완전히 빠진 뒤 냉동해야 빠르게 냉동이 돼요.

냉동기간
1~2주 보관이 가능해요.

해동하기
식감이 물러지지 않도록 자연해동을 해요. 해동 후 국물요리에는 바로 사용해요.

| POINT |
시금치를 냉동할 때는 평소에 데치는 시간보다 짧게 데쳐야 해동한 뒤에도 식감이 잘 유지돼요.

냉동 시금치 활용 레시피

시금치나물 2종

데쳐 냉동한 시금치는 자연 해동해 양념에 조물조물 무쳐보세요. 가쓰오부시를 더해 색다른 일식스타일의 나물요리로도 별미랍니다.

2인분

필수 재료 데친 시금치(1줌), 가쓰오부시(¼컵)
양념 간장(0.5)

1. 시금치는 자연해동해 물기를 짜 먹기 좋은 길이로 썰고,
2. 그릇에 담고 가쓰오부시를 얹은 뒤 간장(0.5)을 뿌려 마무리.

필수 재료 데친 시금치(1줌)
양념장 고추장(1)+다진 마늘(0.3)+참기름(0.5)+참깨(0.2)

1. 시금치는 자연해동해 물기를 짜 먹기 좋은 길이로 썰고,
2. **양념장**을 고루 섞고,
3. 시금치에 양념장을 넣어 간이 배도록 버무려 마무리.

시금치새우전

시금치는 아이들이 특히 먹기 싫어하는 식재료 중 하나죠. 아이들과 씨름하지 말고 씹는 맛을 더해줄 새우살을 넣어 고소한 전으로 즐겨보세요.

2인분

필수 재료 데친 시금치(½줌), 칵테일새우(1컵), 달걀(1개), 부침가루(⅔컵)
선택 재료 양파(½개)

1. 시금치는 자연해동해 물기를 꼭 짜 잘게 썰고, 칵테일새우도 꼬리를 떼 잘게 썰고, 양파는 3cm 길이로 채 썰고,
2. 달걀에 물(⅔컵)을 넣어 푼 뒤 부침가루(⅔컵)를 섞고,
3. 모든 재료를 섞어 반죽을 만들고,
4. 팬에 식용유(2)를 두르고 중간 불로 달군 뒤 반죽을 한입 크기로 떠 올려 앞뒤로 노릇하게 구워 마무리.

배추

통배추는 보관하기 힘들죠. 듬성듬성 잘라서 데친 뒤 보관하면 훨씬 보관하기 쉽고 요리하기도 편해요. 가열해서 사용하면 생배추보다 조금 물렁해지지만 식감이 떨어지진 않아요.

데치기

필수 재료 배추(¼개=500g~600g)
양념 소금(0.3)

1 배추는 한입 크기로 썰고,

2 끓는 물(4컵)에 소금(0.3)을 넣고 배추의 두꺼운 줄기 부분부터 먼저 넣어 15초 정도 삶은 뒤 잎 부분까지 넣어 잎이 부드러워지면 바로 건져 찬물에 헹궈 마무리.

냉동하기

1 살짝 데친 배춧잎은 한 김 식힌 뒤 물기를 짜 한 번 먹을 만큼씩 나눠 지퍼백에 담아 냉동해 마무리.

너무 꼭짜면 해동 후 질겨지니 가볍게 짜세요.

냉동기간

2~3주 보관이 가능해요.

해동하기

자연해동하거나 그대로 사용해요.

냉동 배추 활용 레시피

배추된장무침

배추를 한입 크기로 썰어 데친 뒤 된장 양념에 버무렸어요.
익혀서 나물로 만들었더니 생으로 먹을 때보다 배추를
훨씬 더 많이 먹을 수 있어요.

2인분

필수 재료 데친 배추(1줌)
선택 재료 쪽파(2대)
양념장 설탕(0.2)+고춧가루(0.3)+다진 파(0.7)+
다진 마늘(0.3)+된장(1.5)+참기름(0.8)+참깨(0.3)

1. 배추와 쪽파는 한입 크기로 썰고,
2. **양념장**은 잘 섞고,
3. 데친 배추에 양념장을 넣어 고루 버무리고 쪽파를 넣고 무쳐 마무리.

매운어묵배춧국

얼큰한 국물이 당기는데 너무 맵거나 짠 국물이 부담스러울
때는 배추와 어묵을 뚝뚝 잘라 넣어 국을 끓여보세요.

2인분

필수 재료 어묵(3장), 데친 배추(1줌), 대파(1대)
육수 재료 국물용 멸치(10마리), 다시마(1장=10×10cm)
양념 참기름(0.7), 고춧가루(1), 된장(0.5), 국간장(1),
다진 마늘(0.5)

1. 냄비에 멸치를 넣고 중약불로 볶아 비린내를 날린 뒤
다시마와 물(3½컵)을 넣어 10분간 끓여 거르고,
2. 어묵은 한입 크기로 썰고, 대파는 어슷 썰고,
3. 다른 냄비에 참기름을 두른 뒤 어묵과 고춧가루를 넣고
약한 불로 살짝 볶은 뒤 육수(3컵)를 부어 중간 불로
끓이고,
4. 끓어오르면 배추, 대파, 된장, 국간장, 다진 마늘을
넣어 배추가 반투명해질 때까지 끓여 마무리.

브로콜리

칼슘과 비타민이 풍부한 브로콜리는 무침이나 볶음에 많이 사용되는 식재료예요. 송이송이 잘라 살짝 데쳐 냉동했다가 사용할 때 끓는 물에 살짝 해동하면 원래의 식감과 맛을 느낄 수 있어요.

냉동기간
1~2주 보관이 가능해요.

해동하기
전자레인지에 해동하거나 바로 사용해요.

데치기

필수 재료 브로콜리(2송이)
선택 재료 베이킹소다(0.5), 식초(1)
양념 소금(0.2)

1 브로콜리는 송이송이 떼어내고, 줄기는 질긴 겉껍질을 벗겨 납작하게 썰고,

2 브로콜리가 잠길 만큼 물을 붓고 베이킹소다와 식초를 녹여 10분간 담근 뒤 건져 2~3번 헹구고,

3 끓는 물에 소금(0.2)과 브로콜리를 넣어 10초간 데쳐 마무리.

> 오래 데치면 맛성분이 빠져나갈 뿐만 아니라 해동 후 식감이 물렁해져요.

냉동하기

1 찬물에 헹군 뒤 체에 밭쳐 물기를 충분히 빼고,

2 알루미늄 접시에 랩을 깔고 브로콜리가 겹치지 않도록 담은 뒤 랩으로 감싸 얼리고,

3 한 번 쓸 만큼씩 소분해 지퍼백에 담아 냉동해 마무리.

냉동 브로콜리 활용 레시피

브로콜리무침

고기 같은 묵직한 요리를 먹을 때 브로콜리무침을 가벼운 반찬으로 곁들이면 참 좋아요.

2인분

필수 재료 데친 브로콜리(1송이 분량)
선택 재료 아몬드 슬라이스(적당량)
양념장 된장(2)+마요네즈(1)+올리고당(1)+참기름(0.5)+참깨(0.3)

1. 브로콜리는 내열용기에 담아 전자레인지에 해동해서 키친타월로 물기를 닦고,
2. **양념장**을 만들고,
3. 브로콜리에 양념장을 넣어 버무린 뒤 아몬드 슬라이스를 뿌려 마무리.

브로콜리베이컨볶음

브로콜리는 기름에 볶으면 더 맛있어지는데요. 베이컨 기름어 소금, 후춧가루로만 간해 가볍게 즐겨보세요.

2인분

필수 재료 마늘(4쪽), 베이컨(5줄), 데친 브로콜리(1송이 분량)
양념 소금(0.1), 후춧가루(약간)

1. 마늘은 꼭지를 제거해 납작 썰고, 베이컨은 2cm 폭으로 썰고,
2. 중간 불로 달군 판에 마늘과 베이컨을 노릇하게 볶고,
3. 데친 브로콜리를 넣고 물기가 생기지 않도록 센 불로 재빨리 볶다가 소금, 후춧가루로 간해 마무리.

향신채
(대파, 마늘, 청양고추)

향신채는 요리에 향을 더하거나 잡내를 없앨 때 쓰는 채소예요. 대표적인 향신채인 대파, 마늘, 청양고추는 구입한 당일 신선할 때 냉동해두면 비교적 다른 재료에 비해 오랜 시간 보관이 가능해요. 청양고추는 오래 보관하면 색이 탁해지고 식감이 물렁해지지만 국이나 찌개에 사용하기에는 괜찮아요. 해동하면 식감이 물러지고 물기가 생기니 냉동된 상태로 바로 사용해요. 한 번 쓸 만큼씩 소분해서 담는 게 편하답니다.

대파, 마늘, 고추 손질하기

필수 재료 대파(30cm), 마늘(10쪽), 청양고추(7개)

1

대파는 어슷 썰고, 마늘 3쪽은 납작 썰고 나머지(7쪽)는 다지고, 청양고추는 송송 썰고,

냉동하기

대파의 양이 적을 때에는 알루미늄 포일 컵에 담은 뒤 랩으로 감싸거나 지퍼백에 담아요.

1

대파는 지퍼백에 담아 뭉치는 부분이 없도록 납작하게 눌러 냉동실에 얼리고,

2

마늘과 청양고추는 얼음틀에 담고 뚜껑을 덮어 냉동해 마무리.

냉동기간

3주 보관이 가능해요.

해동하기

해동 과정 없이 바로 사용해요.

냉동 향신채 활용 레시피

순두부된장찌개

된장과 향신채를 듬뿍 넣어 깊은 국물 맛이 일품인 순두부된장찌개예요. 말캉한 식감의 순두부에 뜨끈한 국물이면 밥 한 그릇 뚝딱 비우죠.

2인분

필수 재료 애호박(⅓개), 양파(⅓개), 순두부(1팩),
　　　　　어슷 썬 대파(⅓줌), 청양고추(얼음틀 1칸)
양념 고춧가루(1), 된장(1.5), 다진 마늘(1)

1. 애호박과 양파는 한입 크기로 납작 썰고,
2. 냄비에 물(2컵)을 붓고 **양념**을 넣어 끓이고,
TIP 멸치와 다시마로 육수를 내거나 바지락을 넣어도 좋아요.
3. 끓어오르면 애호박, 양파를 넣고 순두부를 큼직하게 2~3등분해 얹어 끓이고,
4. 순두부에서 물이 나와 국물이 넉넉해지면 대파와 청양고추를 넣고 조금 더 끓여 마무리.

돼지고기숙주볶음

돼지고기와 숙주를 넣고 간장양념으로 볶아 간단하게 만든 일품 고기요리예요. 향신채는 해동이 따로 필요 없이 불에 바로 볶아 사용하면 돼요.

2인분

필수 재료 양파(⅓개), 숙주(1줌), 돼지고기(앞다리살 300g),
　　　　　납작 썬 마늘(3쪽 분량), 어슷 썬 대파(½줌)
양념장 참깨(0.2)+간장(3)+올리고당(1)+참기름(0.5)+
　　　　후춧가루(약간)

1. 양파는 채 썰고, 숙주는 지저분한 부분만 제거하여 깨끗이 헹궈 물기를 빼고,
2. 돼지고기는 키친타월에 밭쳐 핏물을 뺀 뒤 2~3등분해 **양념장**에 버무리고,
TIP 양념한 돼지고기는 지퍼백에 담아 공기를 빼 납작하게 펼쳐 냉동실에 얼려도 좋아요.
3. 센 불로 달군 팬에 식용유(1)를 두르고 납작 썬 마늘, 돼지고기와 양파를 볶고,
4. 고기가 거의 다 익어 노릇해지면 대파와 섞고 숙주를 넣어 빠르게 볶아 마무리.
TIP 숙주는 많이 익히면 길어지기 때문에 센 불에서 재빨리 볶아요.

쇠고기 다짐육

식재료 중 육류를 가장 많이 냉동 보관하는데요. 육류는 맛이 쉽게 변하고 밑손질이나 보관이 까다로워요. 일단 냉동하면 자르기 힘드니 먹을 만큼 잘라 소분해 냉동하는 게 포인트!

양념 재우기

필수 재료 다진 쇠고기(4컵=600g), 식빵(2장), 우유(1컵), 양파(½개)
양념 버터(2), 소금(0.2), 후춧가루(0.1), 다진 마늘(2)

1
다진 쇠고기는 키친타월에 밭쳐 핏물을 빼고,

2
식빵은 잘게 찢어 우유에 적시고, 양파는 잘게 다져 버터(2)를 두른 팬에 투명해질 때까지 중간 불에서 볶아 식히고,

3
다진 쇠고기에 우유에 젖은 식빵과 볶은 양파, 소금, 후춧가루, 다진 마늘을 섞은 뒤 치대어 마무리.

냉동하기

구우면서 가운데가 부풀어오르는 것을 막아 속까지 고루 익어요.

1
양념한 다짐육(½ 분량)은 둥글 납작하게 빚어 가운데가 움푹해지게 누르고, 나머지 다짐육(½ 분량)은 소분해 동그랗게 빚고,

2
비닐백 또는 랩으로 개별 포장해 지퍼백에 담아 냉동해 마무리.

냉동기간

3~4주 보관이 가능해요.

해동하기

해동 과정 없이 바로 사용해요.

냉동 쇠고기 다짐육 활용 레시피

햄버그스테이크

아이들이 좋아하는 외식 메뉴 1위, 바로 햄버그스테이크예요. 식감이 부드럽고 익히는 시간도 오래 걸리지 않아 직접 만들기 좋아요. 넉넉히 만들어 한 개씩 포장해 냉동실에 보관하세요.

2인분

필수 재료 쇠고기 패티(2개)
선택 재료 샐러드 채소(1줌)
소스 재료 양파(¼개), 느타리버섯(1줌), 돈가스 소스(5), 굴소스(1), 케첩(4), 물(½컵)

1. 양파는 채 썰고, 느타리버섯은 결대로 찢고,
2. 중간 불로 달군 팬에 식용유(2)를 두르고 쇠고기 패티를 노릇하게 구워 꺼내고,
   TIP 고기는 해동하지 않고 팬에 바로 구워야 육즙이 보존돼요.
3. 고기를 구운 팬에 양파와 버섯을 넣어 센 불에서 볶다가 나머지 **소스 재료**를 넣고 중간 불에서 걸쭉해질 때까지 끓이고,
4. 접시에 햄버그스테이크를 담고 소스를 부은 뒤 샐러드를 곁들여 마무리.
   TIP 샐러드 대신 채소볶음이나 밥을 곁들여도 좋아요.

미트볼스파게티

미트볼만 먹기 심심할 때 스파게티를 더해 멋진 면요리를 만들어보세요. 면만 먹으면 금방 배고파지는데 미트볼까지 먹으니 속이 든든하네요.

2인분

필수 재료 양파(⅓개), 토마토(작은 것 1개), 스파게티(2줌), 쇠고기볼 또는 미트볼(8개)
양념 소금(0.5), 다진 마늘(1), 시판 토마토소스(2컵)

1. 양파와 토마토는 굵게 다지고,
2. 중간 불로 달군 팬에 식용유(1)를 두르고 쇠고기볼 또는 미트볼을 노릇하게 구워 건지고,
3. 키친타월로 팬을 가볍게 닦고 올리브유(2)를 둘러 다진 채소를 모두 넣어 중간 불로 볶다가 양파가 투명해지면 토마토소스를 넣어 끓이고,
4. 끓는 물에 소금(0.5)과 스파게티를 넣어 6분간 삶아 건져 쇠고기볼 또는 미트볼에 토마토소스를 넣고 2분간 볶아 마무리.

돼지고기 볶음용

고기를 양념해 냉동해 두면 요리시간을 단축할 뿐만 아니라, 냉동 중에도 고기에 양념이 배어들어 맛이 더욱 좋아져요.

양념 재우기

필수 재료 돼지고기 앞다리살(400g)
양념장 고춧가루(2)+고추장(1)+간장(1)+올리고당(1.5)+참기름(0.7)

1

돼지고기는 키친타월에 밭쳐 핏물을 빼 2~3등분하고,

2

양념장을 만들고,

3

돼지고기에 양념장을 넣고 버무려 마무리.

냉동하기

1

한 번 먹을 만큼(2컵)씩 소분해 지퍼백에 납작하게 담은 뒤 냉동해 마무리.

냉동기간

3~4주 보관이 가능해요.

해동하기

냉장실에서 자연해동해요.

냉동 돼지고기 볶음용 활용 레시피

돼지고기콩나물볶음

쫄깃한 돼지고기에 콩나물의 아삭함을 더했어요. 이미 양념이 되어 있어 볶기만 하면 완성!

2인분

필수 재료 양념 돼지고기(2컵), 콩나물(1줌), 깻잎(3장)

1. 양념 돼지고기는 냉장실에서 2시간 동안 해동하고, 콩나물은 지저분한 부분을 제거해 깨끗이 헹궈 물기를 빼고, 깻잎은 채 썰고,
2. 센 불로 달군 팬에 식용유(2)를 두르고 해동한 돼지고기를 넣어 가볍게 볶고,
3. 고기가 거의 다 익어 전체적으로 색이 바뀌면 콩나물을 넣어 빠르게 볶고,
4. 콩나물의 숨이 죽으면 접시에 옮겨 담고 깻잎을 얹어 마무리.

제육묵은지짜글이

고기와 건더기를 듬뿍 넣고 자작하게 끓이니 국물이 얼큰하면서도 진해요. 국물 있는 안주가 당길 때 뚝딱 만들어보세요.

2인분

필수 재료 양파(⅓개), 두부(¼모=75g), 애호박(⅓개), 대파(1대), 양념 돼지고기(1½컵), 묵은지(1컵)

1. 양파와 두부, 애호박은 한입 크기로 썰고, 대파는 송송 썰고, 묵은지는 한입 크기로 썰고,
2. 냄비에 돼지고기와 묵은지(1컵)를 넣어 중간 불에서 5분간 볶고,
TIP 충분히 볶아야 돼지기름이 묵은지에 배고 신맛이 중화되어 감칠맛이 나요.
3. 양파, 두부, 애호박을 넣고 물(2컵)을 부어 센 불로 끓이고,
4. 끓어오르면 중간 불로 줄여 국물이 자작해질 때까지 끓인 뒤 대파를 얹어 마무리.

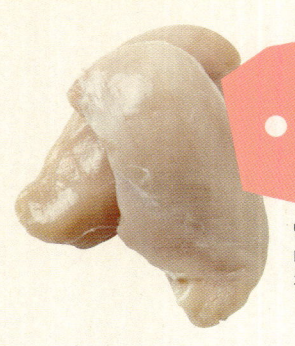

닭고기

닭가슴살은 한입 크기로 잘라서 냉동해도 좋지만 한 장씩 통째로 양념에 버무려 지퍼백에 넣어 냉동해도 좋아요. 미리 양념하면 육즙이 새어나오는 것도 막고 해동 시간도 단축할 수 있어요.

양념 재우기

필수 재료 닭가슴살(3쪽)
양념장 청양고춧가루(1)+간장(1)+올리고당(2)+고추장(1)+다진 마늘(0.3)+참기름(0.5)+후춧가루(약간)

1

닭가슴살은 용도에 따라 한입 크기로 썰거나 덩어리째로 준비하고,

2

볼에 닭가슴살과 **양념장**을 넣고 버무려 마무리.

냉동하기

1

지퍼백에 최대한 공기를 빼고 담아 마무리.

냉동기간

2~3주 보관이 가능해요.

해동하기

지퍼백째로 찬물에 담가 해동해요.

냉동 닭고기 활용 레시피

하와이안닭불고기피자

달콤한 파인애플과 양념한 닭가슴살을 얹어 토핑이 푸짐한 피자를 만들었어요. 치즈를 듬뿍 넣어 아이들도 참 잘 먹어요.

2인분

필수 재료 양념 닭가슴살(1쪽), 양파(¼개), 토르티야(8인치×2장), 슈레드 모차렐라치즈(1컵)
선택 재료 피망(¼개), 통조림 파인애플(2쪽)

1. 한입 크기의 양념 닭가슴살은 지퍼백째로 찬물에 담가 해동하고, 양파와 피망은 굵게 다지고, 파인애플은 한입 크기로 썰고,
2. 중간 불로 달군 팬에 식용유(1)를 둘러 닭가슴살을 볶고,
3. 토르티야에 슈레드 모차렐라치즈를 약간 올려 나머지 토르티야로 덮고 닭가슴살과 채소, 파인애플을 얹고,
   TIP 토르티야 사이에 치즈를 넣어 2장을 겹치면 쉽게 구부러지지 않아 먹을 때 편해요.
4. 나머지 슈레드 모차렐라치즈를 뿌려 200℃로 예열한 오븐에서 7분간 구워 마무리.
   TIP 마른 팬에 피자를 넣고 뚜껑을 덮어 중약 불로 치즈가 녹을 때까지 구워도 좋아요.

베트남식샌드위치(반미)

반미는 베트남에서 즐겨 먹는 샌드위치예요. 바게트에 구운 고기와 채소를 넣어 만들어 느끼하지 않고 담백한 맛이 포인트랍니다.

2인분

필수 재료 양념 닭가슴살(2쪽), 무(1토막), 당근(⅓개), 오이(⅓개), 바게트(작은 것 2개)
TIP 바게트 대신 작은 크기의 토르티야를 사용해도 좋아요.
선택 재료 고수(적당량)
TIP 고수는 동남아 음식에 자주 쓰이는 채소예요. 특유의 향이 강해 취향에 따라 다른 잎 채소로 대체하거나 생략해도 괜찮아요.
절임 양념 소금(0.2)+설탕(4)+식초(4)
매콤마요네즈소스 스리라차소스(2)+마요네즈(6)

1. 양념 닭가슴살(2쪽)은 지퍼백째로 찬물에 담가 해동하고, 무와 당근은 채 썰어 구부러질 때까지 **절임 양념**에 재워두고,
2. 중간 불로 달군 팬에 식용유(2)를 둘러 닭가슴살을 노릇하게 구워 어슷하게 납작 썰고,
   TIP 뚜껑이나 포일로 덮어 속까지 촉촉하게 완전히 익혀주세요.
3. 오이는 감자칼로 길게 깎고, 고수는 한입 크기로 뜯고,
4. 바게트는 반 갈라 **매콤마요네즈소스**를 바르고 오이, 닭가슴살구이, 채소절임, 고수를 얹어 마무리.

어묵

마트에 있는 대부분의 어묵은 기름에 튀겨져 금방 산패되거나 기름 찌든 내가 나기 쉬워요. 겉에 기름기를 제거한 뒤 냉동해요.

데치기

필수 재료 사각어묵(5장), 얼음물(3컵)

1 사각어묵은 길게 반 가른 뒤 한입 크기로 썰고,

2 냄비에 물(3컵)을 넣어 끓어오르면 어묵을 각각 10초씩 데치고,

3 어묵을 건져 얼음물에 헹궈 마무리.

냉동하기

1 물기를 충분히 빼 각각 지퍼백에 겹치지 않도록 넣고 냉동해 마무리.

냉동기간

2~3주 보관이 가능해요.

해동하기

지퍼백째로 찬물에 담가 해동해요. 급할 땐 전자레인지에 해동해도 좋아요.

냉동 어묵 활용 레시피

어묵전

어묵을 탕이나 볶음으로만 즐겼다면 이제 전으로도 부쳐 먹어보세요. 쫄깃한 어묵의 식감이 그대로 살아 있어 얼마나 맛있는지 몰라요. 만드는 방법도 쉽고 간단해 바쁜 아침에 후다닥 해먹기 좋은 반찬으로 추천합니다.

2인분

필수 재료 사각어묵(2장), 밀가루(½컵), 달걀(1개)
양념 소금(약간), 후춧가루(약간)

1. 사각어묵은 지퍼백째로 찬물에 해동하고,
2. 달걀에 **양념**을 넣어 곱게 풀고,
3. 밀가루→달걀물 순서로 묻혀 중간 불로 달군 팬에 식용유(2)를 두르고 노릇하게 구워 마무리.

어묵무침

언제 먹어도 질리지 않는 어묵무침. 식어도 맛있고 간단하게 만들 수 있어 도시락 반찬으로 제격이네요.

2인분

필수 재료 청·홍피망(½개씩), 사각어묵(3장)
양념장 고춧가루(1)+간장(0.3)+올리고당(1)+ 다진 마늘(0.3)+참기름(0.5)+참깨(0.2)

1. 피망은 채 썰고, 사각어묵은 지퍼백째로 찬물에 해동해 먹기 좋게 썰고,
2. **양념장**을 만들고,
3. 모든 재료를 양념장에 넣고 버무려 마무리.

두부

두부는 냉동하면 수분이 얼어서 식감이 안 좋아지니 물기를 꽉 제거해서 냉동해주세요. 또는 알맞게 자른 두부에 소금, 후춧가루로 간을 해 불에 구운 뒤 냉동하면 두부의 수분이 덜 손실돼요.

밑간 & 굽기

필수 재료 두부(1모=290g)
양념 소금(0.2), 후춧가루(약간)

소금을 뿌리면 두부에 밑간도 되고 잘 부서지지 않아요.

1 두부는 도톰하게 납작 썰어 소금, 후춧가루를 뿌려 살짝 절인 뒤 키친타월에 밭쳐 물기를 빼고,

2 중간 불로 달군 팬에 식용유(3)를 둘러 앞뒤로 노릇하게 구워 마무리.

냉동하기

1 구운 두부(½모씩)는 각각 지퍼백에 겹치지 않도록 담아 냉동하여 마무리.

냉동기간

1~2주 보관이 가능해요.

해동하기

실온에서 10~15분 정도로 짧게 해동해요.

냉동 두부 활용 레시피

두부간장조림

노릇하게 구운 두부에 양념장을 자작하게 조려내면 어른 아이 할 것 없이 밥 한 그릇 쓱싹 비워내죠.

2인분

필수 재료 구운 두부(½모 분량), 대파(1대)
양념장 설탕(0.5)+고춧가루(0.5)+간장(3)+다진 마늘(0.3)+ 참기름(0.5)+참깨(0.2)+물(⅔컵)

1. 구운 두부는 실온에서 10분간 해동하여 손으로 가볍게 물기를 짜고,
   TIP 더운 여름에는 실온보다는 냉장실에서 30분간 해동해요.
2. 대파는 어슷 썰어 **양념장**에 섞고,
3. 냄비에 두부를 넣고 양념장을 고루 끼얹어 중약 불에서 10분간 조려가며 끓여 마무리.

두부볶이

냉동한 두부는 물기를 가볍게 짜 떡볶이 양념장에 보글보글 끓였어요. 순한 맛과 부드러운 식감에 아이들이 좋아하고, 심지어 떡볶이보다 더 맛있어요.

2인분

필수 재료 구운 두부(½모 분량), 사각어묵(2장), 대파(1대)
육수 재료 국물용 멸치 10마리), 다시마(1장=10×10cm)
양념장 설탕(2)+고춧가루(0.5)+간장(1)+다진 마늘(3)+ 고추장(3)+후춧가루(약간)

1. 물(3컵)에 **육수 재료**를 넣어 중간 불에서 10~15분간 끓이고,
2. 구운 두부는 10분간 실온에 두었다가 말랑해지면 가볍게 물기를 짜서 2등분 하고, 어묵도 비슷한 크기로 썰고, 대파는 어슷 썰고,
   TIP 더운 여름에는 실온보다는 냉장실에서 30분간 해동해요.
3. 육수 재료는 건져낸 뒤 **양념장**을 풀고,
4. 끓어오르면 구운 두부와 어묵, 대파를 넣고 조금 더 끓여 마무리.

오징어

오징어는 미리 손질해 나중에 바로 사용할 수 있는 상태로 냉동하는 게 편리해요. 용도에 맞게 잘라서 냉동하면 해동할 필요 없이 그대로 사용하기 편리해요.

데치기

필수 재료 오징어(2마리)
양념 소금(0.2)

1 오징어는 용도에 따라 막대 모양 또는 링 모양으로 썰고,

2 끓는 물(4컵)에 소금(0.2)과 오징어를 넣어 살짝 데치고,

3 데친 오징어는 찬물 또는 얼음물에 담가 재빨리 식혀 마무리.

냉동하기

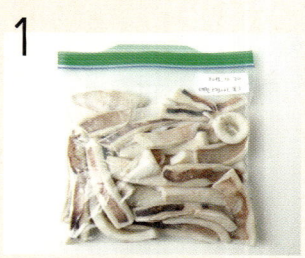

1 차게 식힌 오징어는 물기를 충분히 빼 지퍼백에 최대한 겹치지 않도록 납작하게 담아 냉동해 마무리.

냉동기간

1~2주 보관이 가능해요.

해동하기

해동 과정 없이 그대로 사용해요.

냉동 오징어 활용 레시피

오징어김칫국

오징어 반 마리와 김치만 있으면 뜨끈한 국물요리를 만들 수 있어요. 멸치와 다시마로 육수를 내 깊은 맛이 나고, 김치가 시원한 맛을 더해 해장국으로 그만이네요.

2인분

필수 재료 오징어(½마리), 김치(1컵)
선택 재료 두부(¼모=75g), 청양고추(1개)
육수 재료 국물용 멸치(10마리), 다시마(1장=5×5cm)
양념 고춧가루(0.7), 다진 마늘(0.3), 국간장(0.5)

1. 물(4컵)에 **육수 재료**를 넣고 중간 불에서 끓어오르면 다시마를 건져 10분간 더 끓인 뒤 멸치를 건져내고,
2. 두부는 막대 모양으로 썰고, 김치는 굵게 채 썰고, 청양고추는 어슷 썰고,
3. 육수에 김치와 고춧가루를 넣어 5분간 끓이고,
4. 냉동한 오징어, 두부, 청양고추, 다진 마늘, 국간장을 넣고 끓여 마무리.

TIP 부족한 간은 소금으로 맞춰요.

오징어간장조림

냉동 오징어 한 마리를 팬에 볶아 양념장을 더해 짭조름한 밥반찬으로 즐겨보세요. 맛도 향도 좋답니다. 다른 재료 필요 없이 양념장에 조리기만 하면 돼서 만들기도 참 쉬워요.

2인분

필수 재료 오징어(1마리)
양념장 설탕(1)+간장(2)+올리고당(1)+물(2)

1. 중간 불로 달군 팬에 냉동한 오징어를 넣어 볶고,
2. 오징어가 부드러워지면 **양념장**을 넣고 물기가 없어질 때까지 조려 마무리.

고등어

신선함이 생명인 생선은 냉동할 때 세심한 주의가 필요해요. 생선을 깨끗이 씻어 물기를 반드시 제거하고 냉동해야 비린내와 육즙 손실을 막을 수 있어요. 고기처럼 양념장에 미리 재워 냉동을 하면 양념이 생선살까지 배어 맛있는 생선을 즐길 수 있어요. 한 번 해동한 생선을 다시 냉동시키면 맛도 떨어질 뿐만 아니라 위생상 안 좋을 수 있으니 해동 후엔 다 소진해주세요.

양념에 재우기

필수 재료 고등어(2마리)
양념장 고춧가루(2)+간장(3)+맛술(1.5)+다진 마늘(1)+올리고당(1)+고추장(1)+후춧가루(약간)

1 고등어는 머리와 꼬리, 내장, 지느러미를 제거하고,

2 활용요리에 따라 반으로 포를 뜨거나 어슷하게 3등분으로 토막 내 물기를 제거하고,

생선의 비린내를 제거하기 위해 쌀뜨물에 20분간 담가두어도 좋아요.

3 **양념장**을 만들고, 고등어에 양념장을 발라 마무리.

냉동하기

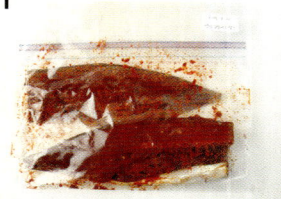

1 지퍼백에 한 번 먹을 분량씩 나눠 담아 공기를 빼고 입구를 닫아 냉동해 마무리.

냉동기간

1~2주 보관이 가능해요.

해동하기

해동 과정 없이 바로 사용해요.

냉동 고등어 활용 레시피

고등어무조림

먹기 좋게 손질된 양념 고등어와 무를 넣고 조렸어요. 무를 도톰하게 썰어 바닥에 넉넉하게 깔아주면 백반집에서 먹던 고등어무조림이 생각날 거예요.

2인분

필수 재료 무(½토막), 대파(15cm), 양념 고등어(1마리)

1. 무는 도톰하게 납작 썰고, 대파는 어슷 썰고,
2. 냄비에 무를 깔고 양념 고등어를 얹은 뒤 물(2½컵)을 부어 센 불로 끓이고,
3. 끓어오르면 중간 불로 줄여 무가 다 익을 때까지 국물을 끼얹으며 조린 뒤 대파를 얹어 마무리.

고등어찜

양파와 고등어만 있으면 금세 만들 수 있는 찜요리예요. 매콤짭조름한 맛에 잃었던 입맛도 살아나요.

2인분

필수 재료 양파(1개), 청·홍고추(1개씩), 대파(7cm), 양념 고등어 1마리

1. 양파는 채 썰고, 그추와 대파는 송송 썰고,
2. 냄비에 양파를 넓게 깔고 양념 고등어를 얹은 뒤 물(⅓컵)을 부어 중간 불로 끓이고,
   TIP 양파를 바닥에 깔면 찜기에 찐 것처럼 고등어를 익힐 수 있어요. 물을 약간만 넣어도 조리하는 동안 양파에서 물이 나와 타지 않아요.
3. 끓어오르면 중약 불로 줄여 고등어가 다 익어 살이 단단해질 때까지 익히고,
4. 고추와 대파를 얹고 뚜껑을 덮어 2분간 더 익혀 마무리.
   TIP 찜기에 찔 때는 밑에 종이포일을 깔고 양념한 고등어를 얹은 뒤 겉이 단단하게 익으면 고추와 대파를 얹고 조금 더 익혀요.

어제 먹은 반찬, 질린다고 버리지 마세요!
색다른 재료와 양념을 넣으면
눈이 휘둥그레지는 새로운 반찬으로 탄생한답니다.
반찬의 3단 변신을 소개합니다.

part 2
반찬 하나로 요리 만들기

아이들도 잘 먹는
우엉조림

쫀득하고 아삭한 식감이 매력적인 우엉으로 만든 밑반찬이에요. 식이섬유가 풍부해 장 건강에 특히 좋아요. 우엉은 단단해서 익는 시간이 많이 걸리니 미리 데쳐 조려야 잘 익고 간도 잘 배요.

한 가지 요리의 3단 변신

 우엉조림 →  닭고기우엉간장밥 →  우엉김밥

4인분

필수 재료 우엉(2대=280g), 다시마물(1½컵), 물엿(2)
tip 찬 물(1½컵)에 다시마(1장=5×5cm)를 담가 15분간 우려 사용해요. 맹물을 사용해도 돼요.
양념장 설탕(2)+간장(6)+청주(5)+생강즙(0.3)
tip 생강을 곱게 다져 즙만 짜내 사용하거나 생략해도 괜찮아요.

1

우엉은 감자칼로 껍질을 벗겨 채 썰고,

💬 채 썬 우엉은 갈변이 되지 않도록 물에 담가둬요.

2

끓는 물(3컵)에 우엉을 넣고 5분간 삶아 건지고,

3

냄비에 데친 우엉을 담고 다시마물과 **양념장**을 넣어 중약 불에서 조리고,

4

💬 물엿을 넣고 센 불에서 조려야 우엉에 윤기가 돌아 더 맛있어 보여요.

물기가 거의 없게 조려지면 물엿을 넣고 센 불로 고르게 섞어 마무리.

맛과 영양이 듬뿍 담긴
닭고기 우엉간장밥

우엉조림과 닭가슴살을 짭조롬하게 볶아 넣고 밥을 지으면 밥에 심심하게 간이 되어 그대로 먹어도 좋고, 양념장에 비벼 먹어도 맛있어요. 특별한 반찬이 없어도 별미로 뚝딱 해치울 수 있어요.

한 가지 요리의 3단 변신

 우엉조림 →  닭고기우엉간장밥 →  우엉김밥

2인분

필수 재료 우엉조림(1컵), 닭가슴살(½쪽), 불린 쌀(2컵)
tip 통조림 닭가슴살을 사용해도 돼요.
선택 재료 당근(⅙개)
양념 간장(1)
양념장 간장(3)+다진 파(1)+다진 마늘(0.3)+참깨(0.3)+참기름(1)

1

우엉조림을 준비하고,

2

닭가슴살은 끓는 물(3컵)에 10분간 삶아 결대로 찢고, 당근은 채 썰고,

3

중간 불로 달군 팬에 당근과 닭가슴살을 30초간 볶다가 간장(1)을 넣어 조금 더 볶고,

4

냄비에 불린 쌀을 담고 볶은 닭가슴살과 당근, 우엉조림을 얹은 뒤 물(2컵)을 붓고,

5

뚜껑을 덮어 센 불에서 끓어오르면 중약 불로 줄여 밥물이 자작해질 때까지 12분간 끓인 뒤 불을 끄고 뜸을 들여 마무리.

식감을 위해 우엉조림은 뜸들일 때 넣어도 돼요.

part 2 55

작지만 야무진 맛
우엉김밥

고기 대신 우엉조림을 두둑이 넣어 한입에 즐기는 꼬마김밥이에요. 단무지를 안 넣어도 짭쪼름하게 간이 배어 초간단 피크닉 메뉴로도 그만이에요.

한 가지 요리의 3단 변신

우엉조림

닭고기우엉간장밥

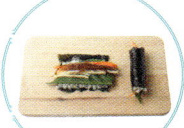
우엉김밥

2인분

필수 재료 우엉조림(1컵), 당근(⅓개), 달걀(2개), 밥(2공기), 김밥용 김 2장), 깻잎(8장)
양념 소금(0.4), 후춧가루(약간), 참기름(0.7+적당량), 참깨(0.3)

1

우엉조림을 준비하고,

2

당근은 채 썰어 식용유(1)를 두른 팬에 넣고 소금(0.1)을 뿌리며 중간 불로 볶아 건지고,

3

달걀은 소금(0.1), 후춧가루를 넣고 곱게 푼 뒤 중간 불로 달군 팬에 식용유(1)를 두르고 도톰하게 지단을 부쳐 채 썰고,

4

밥에 소금(0.2), 참기름(0.7), 참깨(0.3)를 넣어 고루 섞고,

5

김은 4등분 해 밥을 김의 ¾ 정도 펴고 깻잎을 먼저 올린 뒤 지단, 우엉조림, 당근볶음을 가지런히 올려 돌돌 말아 참기름을 발라 마무리.

> 깻잎을 깔고 우엉조림을 얹으면 밥에 물이 들지 않아요.

> 김은 거친 면이 위로 오도록 펼쳐요.

식어도 촉촉한
고추장 어묵볶음

어묵볶음은 식어도 맛이 변하지 않아 냉장고에 늘 구비해두는 비상 밑반찬이에요. 아이들이 즐기기에 맵다 싶으면 간장 양념으로, 좀 더 칼칼한 맛을 원한다면 양념장에 청양고추를 송송 썰어 넣고 볶으세요.

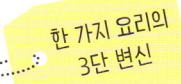
한 가지 요리의 3단 변신

고추장어묵볶음 → 고추어묵잡채 → 어묵쫄면

4인분

필수 재료 양파(½개), 사각어묵(4장), 대파(1대)
양념장 고춧가루(0.7)+간장(0.5)+맛술(1)+다진 마늘(0.5)+올리고당(1)+고추장(1)+참깨(0.2)

1

양파는 채 썰고, 사각어묵은 양파와 같은 길이로 채 썰고, 대파는 어슷 썰고,

2

양념장을 만들고,

3

중간 불로 달군 팬에 식용유(1)를 두르고 양파와 어묵을 넣어 40초간 볶고,

4

양념장과 대파를 넣고 조금 더 볶아 마무리.

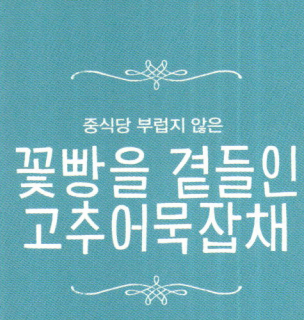

중식당 부럽지 않은
꽃빵을 곁들인 고추어묵잡채

넉넉히 만들어 둔 어묵볶음을 이용해 고추어묵잡채를 만들었어요. 아껴 먹던 꽃빵도 넉넉하게 찜기에 찌고요. 아삭한 고추와 매콤한 어묵볶음으로 중식당의 꽃, 고추잡채를 집에서 간편하게 즐겨보세요.

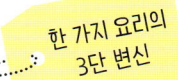
한 가지 요리의 3단 변신

고추장어묵볶음 → 고추어묵잡채 → 어묵쫄면

2인분

필수 재료 고추장어묵볶음(1컵), 꽃빵(6개), 청고추(5개)
선택 재료 홍고추(2개)
tip 홍고추를 생략할 경우 청고추의 양을 늘려요.
양념 고추기름(1), 굴소스(0.5)

1

고추장어묵볶음을 준비하고,

2

김이 오르는 찜기에 꽃빵을 얹어 5~7분간 찌고,

3

고추는 반 갈라 씨를 빼고 길이대로 채 썰고,

4

센 불로 달군 팬에 고추기름(1)을 두르고 고추를 넣어 재빠르게 10초간 볶고,

5

굴소스(0.5)를 넣어 간을 맞춘 뒤 고추장어묵볶음을 넣어 고루 섞어가며 볶아 마무리.

초간단 별미 국수
어묵쫄면

쫄면에 어묵볶음을 곁들이니 별거 없는 차이로 맛이 끝내줘요. 쫄면은 꼬들꼬들하게 삶고, 냉장고 쌈채소와 아삭하게 삶은 콩나물을 곁들여 식감을 더하세요.

한 가지 요리의 3단 변신

고추장어묵볶음

→

고추어묵잡채

→

어묵쫄면

2인분

필수 재료 고추장어묵볶음(1컵), 콩나물(1줌), 상추(5장), 쫄면(2줌)
선택 재료 달걀(2개)
양념 소금(0.1), 참기름(0.7)
양념장 고추장(3)+식초(1.5)+매실청(1)+올리고당(1)

1

고추장어묵볶음을 준비하고,

2

끓는 물(2컵)에 소금(0.1), 콩나물을 넣어 2분간 데쳐 건지고, 물(1컵)을 더 붓고 달걀을 넣어 끓어오르면 12분간 삶아 찬물에 담그고,

3

삶은 달걀은 껍질을 벗겨 2등분하고, 상추는 한입 크기로 썰고,

4

끓는 물(6컵)에 쫄면을 3분간 삶아 건져 찬물에 비벼가며 씻어 물기를 뺀 뒤 참기름을 넣어 버무리고,

5

그릇에 쫄면을 담고 데친 콩나물, 달걀, 상추, 고추장어묵볶음, **양념장**을 얹어 마무리.

쫄면은 찬물에 비벼가며 헹궈야 쫄깃하고 면끼리 달라붙지 않아요. 헹궈낸 뒤 참기름을 넣어 버무리면 금방 불지 않고 면이 뭉치지도 않아요.

비빔밥에 꼭 들어가는
삼색나물

가장 즐겨먹는 나물무침 세 가지는 꼭 배워두세요.
각 나물무침의 핵심은 원재료의 맛을 잘 느낄 수 있게
간장이나 소금으로 살짝 간하는 것이에요. 입맛 없을
때, 밥에 나물 듬뿍 올리고 고추장 한 숟갈 넣어 비벼
먹으면 끝내주죠.

한 가지 요리의 3단 변신

 삼색나물 →  비빔당면 →  나물전

4인분

도라지나물 손질한 도라지(1줌), 소금(1.1), 부순 참깨(0.2), 참기름(0.7)
시금치나물 시금치(2줌), 부순 참깨(0.5), 국간장(0.5), 참기름(1)
고사리나물 불린 고사리(2줌), 국간장(1), 부순 참깨(0.3), 참기름(0.7)

고사리를 한 가닥 건져 손으로 눌렀을 때 살짝 으깨질 정도로 삶아요.

1 손질한 도라지는 소금(0.5)을 넣고 주물러 씻어 헹구고,

소금으로 씻어야 쓴맛이 나지 않아요.

2 시금치는 뿌리 끝을 자르고 굵은 것은 길게 반 갈라 깨끗이 헹궈 물기를 빼고,

3 불린 고사리는 냄비에 넣고 푹 잠길 정도로 물을 부어 삶아 찬물에 헹궈 물기를 뺀 뒤 먹기 좋은 길이로 썰고,

4 끓는 물(5컵)에 소금(0.5)과 도라지를 넣어 10초 정도 데쳐 건지고,

5 도라지 삶은 물에 시금치를 줄기부터 넣어 8초간 데쳐 찬물에 헹구고,

6 데친 시금치는 물기를 짜고 부순 참깨, 국간장, 참기름을 넣어 조물조물 무치고,

7 중간 불로 달군 팬에 식용유(1)를 두르고 도라지를 10초간 볶다가 물(4), 소금(0.1)을 넣고 자작해질 때까지 볶다가 부순 참깨, 참기름을 섞어 꺼내고,

8 식용유(1)를 더 두르고 고사리를 넣어 10초간 볶다가 물(6)과 국간장(1)을 넣고 약한 불로 줄여 뚜껑을 덮고 물기가 없어질 때까지 조린 뒤 불을 끄고 부순 참깨와 참기름을 섞어 마무리.

한 그릇으로 부산을 느끼다
비빔당면

부산의 명물 깡통시장에서 맛볼 수 있는 별미요리예요. 데친 당면에 특제 양념장과 시금치나물, 단무지를 넣어 슥슥 비비기만 하면 완성! 한번 먹으면 또 생각이 나는 중독성 있는 당면요리를 집에서 간단하게 만들어보세요.

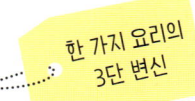
한 가지 요리의 3단 변신

삼색나물 → 비빔당면 → 나물전

2인분

필수 재료 시금치나물(1컵), 당면(2줌), 단무지(⅔컵)
선택 재료 김가루(적당량)
양념장 설탕(2)+고춧가루(4)+간장(4)+식초(3)+다진 파(3)+다진 마늘(0.5)+고추장(1)+참깨(1)
양념 국간장(1)

1

시금치나물을 준비하고,

2

당면은 찬물에 담가 30분간 불린 뒤 끓는 물(5컵)에 국간장(1)과 함께 3분간 데쳐 건지고,

> 국간장을 넣은 물에 당면을 데치면 간이 배어 더 맛있어요.

3

양념장을 만들고,

> 양념장을 미리 만들어두면 고춧가루가 불면서 숙성되어 깊은 맛이 나요.

4

단무지는 곱게 채 썰고,

5

그릇에 삶은 당면을 담고 단무지, 시금치나물, 양념장과 김가루를 얹어 마무리.

고소함이 물씬
나물전

나물은 냉장고에서도 보관기간이 2~3일 정도고, 시간이 지나면 쉽게 맛이 변해요. 나물 넣은 비빔밥이 식상하다면 송송 썰어 전으로 부쳐보세요. 한입 베어물면 바삭하고 고소한 맛이 입안 가득 느껴져 젓가락을 놓을 수가 없네요.

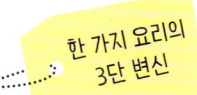 한 가지 요리의 3단 변신

 삼색나물 →  비빔당면 →  나물전

2인분

필수 재료 나물(2컵), 달걀(1개), 부침가루(1컵)
tip 이밥차에서는 고사리, 도라지, 시금치나물을 사용했어요. 콩나물이나 숙주나물, 건나물 등을 사용해도 돼요.

1

나물은 먹기 좋은 크기로 썰어 볼에 담고,

2

부침가루 대신 밀가루를 사용해도 돼요.

달걀에 물(½컵)을 넣어 곱게 푼 뒤 부침가루를 섞어 반죽하고,

3

반죽에 나물을 섞고,

나물에 간이 되어 있어 따로 간을 안 해도 돼요.

4

중간 불로 달군 팬에 식용유를 넉넉하게 두르고 반죽을 한 국자씩 올려 앞뒤로 노릇하게 구워 마무리.

Plus Recipe

양파간장

고소한 맛이 일품인 나물전과 함께 곁들이기 좋은 양파간장이에요. 입안을 개운하게 만드는 양파의 알싸함이 기름진 나물전과 잘 어울려요.

2인분

필수 재료 양파(⅓개), 간장(2), 식초(1)

1. 양파는 한입 크기로 썰고,
2. 간장, 식초, 물(2)을 섞은 양념에 양파를 담가 마무리.

집들이 추천 메뉴
잡채

손님상이나 생일상에 빠지지 않는 메뉴가 바로 잡채예요. 초간단 버전 잡채 레시피로 요리실력을 제대로 뽐내 보세요. 푸짐하게 만들어 인심 좋게 나눠 먹어도 좋고요.

한 가지 요리의 3단 변신

잡채 → 잡채전골 → 김치잡채덮밥

4인분

필수 재료 당면(2줌), 양파(½개), 당근(¼개)
선택 재료 쪽파(6대)
밑간 간장(2), 참기름(2)
양념 소금(약간), 후춧가루(약간), 설탕(0.7), 간장(3), 참기름(1), 참깨(0.3)

1

당면은 끓는 물에 넣고 6분 정도 삶아 건져 내고 찬물에 헹궈 물기를 충분히 뺀 뒤 **밑간**에 버무리고,

2

양파는 채 썰고, 당근, 쪽파도 비슷한 길이로 채 썰고,

3

중간 불로 달군 팬에 식용유(0.1)를 둘러 밑간한 당면을 1분간 볶아 꺼내고,

4

같은 팬에 식용유(1)를 두르고 소금(약간), 후춧가루(약간) 간을 한 뒤 각각 볶아 식히고,

채소마다 익는 시간이 달라 따로 볶는 게 좋아요. 당근에서는 주황색의 기름이 나오니 맨 마지막에 볶아요.

5

볼에 식힌 당면과 채소를 담고 설탕, 간장, 참기름, 참깨를 넣고 버무려 마무리.

볶은 재료들은 식힌 뒤 버무려야 금방 쉬지 않아요.

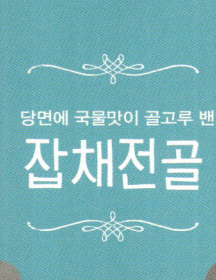

잡채전골

당면에 국물맛이 골고루 밴

한번 만들 때 항상 많이 만들게 되는 게 잡채인 것 같아요. 냉장고에 보관한 잡채는 데워도 처음 그 맛이 나지 않죠. 그럴 땐 전골에 풍덩 넣어주세요. 얼큰한 국물맛이 당면에 쏙 배어 게눈 감추듯 먹게 될 거예요.

한 가지 요리의 3단 변신

잡채 → 잡채전골 → 김치잡채덮밥

2인분

필수 재료 잡채(2컵), 버섯(2줌), 두부(½모=140g), 대파(15cm), 시판만두(6개)
tip 이밥차에서는 새송이버섯과 느타리버섯을 사용했어요. 표고버섯이나 팽이버섯을 넣어도 돼요.
양념 고춧가루(2), 다진 마늘(0.5), 국간장(2)

1

잡채를 준비하고,

2

새송이버섯은 납작 썰고,
느타리버섯은 가닥가닥 뜯고,
두부는 납작 썰고, 대파는 버섯과
비슷한 길이로 썰어 길게 2등분하고,

3

냄비에 만두, 버섯, 두부, 대파를
돌려 담고,

4

물(3컵)을 붓고 **양념**을 넣어 중간
불에서 5~7분간 끓이고,

5

잡채를 넣고 조금 더 끓여 마무리.

> 간이 된 잡채를 넣으므로
> 국물 간은 살짝 심심하게
> 맞추세요. 잡채까지 넣고
> 끓여도 간이 부족하면
> 소금(약간)으로 간을 맞춰요.

반찬이 필요 없는 한 그릇
김치잡채덮밥

잡채와 김치를 볶으면 칼칼한 김치잡채가 돼요. 따끈한 밥에 김치잡채를 올리면 별 다른 반찬 없이도 한 그릇 뚝딱 해결할 수 있는 든든한 한 그릇 덮밥이 돼요.

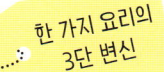

잡채 → 잡채전골 → 김치잡채덮밥

2인분

필수 재료 잡채(2컵), 김치(1컵), 밥(2공기)
양념 참기름(0.7), 설탕(0.2), 고춧가루(1), 참깨(0.3)

1

잡채를 준비하고,

2

김치는 양념을 가볍게 훑어낸 뒤 한입 크기로 썰고,

3

약한 불로 달군 팬에 참기름(0.7)을 둘러 김치를 볶다가 가장자리가 투명해지면 설탕(0.2)과 고춧가루(1)를 넣어 조금 더 볶고,

4

잡채를 넣고 식용유(약간)를 둘러 골고루 섞어가며 볶고,

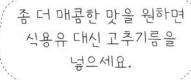
좀 더 매콤한 맛을 원하면 식용유 대신 고추기름을 넣으세요.

5

밥 위에 얹고 참깨를 뿌려 마무리.

Part 2 · 75

밥 먹고 싶게 만드는
무말랭이무침

꼬들꼬들한 식감이 예술인 무말랭이는 고춧잎과 함께 매콤하게 무치면 밥도둑 반찬이 따로없죠. 밥에 비벼 먹거나 초간단 김밥 속재료로도 제격이고 갓 삶은 수육에 김치와 함께 곁들여도 좋아요. 무말랭이는 물에서 건져 불려야 무의 단맛이 빠지지 않아요.

한 가지 요리의 3단 변신

 무말랭이무침 →  무말랭이메밀국수 →  무말랭이오믈렛덮밥

4인분

필수 재료 무말랭이(1½줌=80g)
선택 재료 마른 고춧잎(½컵)
tip 고춧잎을 생략할 경우 무말랭이 분량(½줌)을 늘려 주세요.
찹쌀풀 찹쌀가루(0.3)+물(¼컵)
양념장 고춧가루(2.5)+간장(1)+멸치액젓(1)+다진 마늘(0.3)+물엿(2)+참깨(1)

1

무말랭이와 고춧잎은 찬물에 헹군 뒤 건져서 20분간 불렸다가 물기를 꼭 짜고,

2

찹쌀풀 재료는 잘 섞어 전자레인지에 1분간 돌리고,

소량의 찹쌀풀을 만들 때는 전자레인지를 사용하면 간편해요.

3

양념장에 찹쌀풀을 섞고,

양념장에 찹쌀풀을 넣으면 양념이 겉돌지 않고 무말랭이에 잘 배어들어요.

4

양념장에 무말랭이와 고춧잎을 넣고 조물조물 무쳐 마무리.

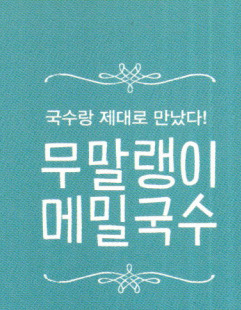

국수랑 제대로 만났다!
무말랭이 메밀국수

면 요리가 먹고 싶을 때는 열량 낮은 메밀국수에 매콤새콤한 양념장을 비벼보세요. 꼬들꼬들한 무말랭이만 넣어도 식감이 좋고 채소를 채 썰어 듬뿍 올리면 더욱 푸짐하답니다. 반쯤 먹다가 냉면 육수를 넣어 시원하게 즐겨보세요.

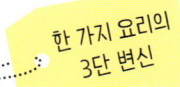
한 가지 요리의 3단 변신

무말랭이무침 → 무말랭이메밀국수 → 무말랭이오믈렛덮밥

2인분

필수 재료 무말랭이무침(1컵), 달걀(1개), 상추(4장), 메밀면(2줌)
양념장 설탕(0.7)+식초(1.5)+매실액(1)+고추장(1.5)+참기름(0.7)+참깨(0.5)

1

무말랭이무침을 준비하고,

2
냄비에 달걀이 잠길 만큼의 물을 부어 끓어오르면 12분간 찬물에 담근 뒤 삶아 껍질을 벗겨 2등분하고,

달걀은 실온에 꺼내뒀다가 찬기가 가신 뒤 삶아야 껍질이 더 잘 벗겨져요.

3

상추는 1cm 폭으로 채 썰고,

4

양념장을 만들고,

5

냄비에 넉넉하게 물을 끓이다가 메밀면을 넣어 3~4분간 삶아 찬물에 헹궈 물기를 빼고,

삶은 면은 찬물에 비벼가며 헹궈야 녹말기도 헹궈지고 면이 더 쫄깃쫄깃해져요.

6

그릇에 메밀면을 담고 무말랭이무침과 달걀, 상추, 양념장을 얹어 마무리.

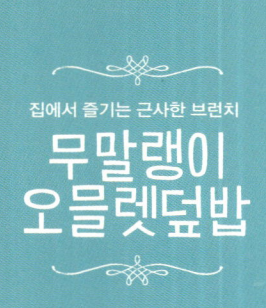

집에서 즐기는 근사한 브런치
무말랭이 오믈렛덮밥

흔한 무말랭이 반찬을 카페에서 즐기는 브런치처럼 색다르게 즐겨보세요. 달걀이 무말랭이무침을 포근하게 감싸고 부드러움을 더했어요. 만들다 실수로 오믈렛 옆구리가 터져도 김가루를 솔솔 뿌려 감쪽같이 가리면 돼요.

한 가지 요리의
3단 변신

 →  →

무말랭이무침　　　　무말랭이메밀국수　　　　무말랭이오믈렛덮밥

1인분

필수 재료　무말랭이무침(½컵), 달걀(2개), 밥(¾공기)
선택 재료　김가루(적당량)
양념　소금(0.2), 후춧가루(약간), 간장(0.7), 참기름(0.5)

1

볼에 무말랭이무침을 담고 가위로 잘게 자르고,

2

곱게 푼 달걀에 소금, 후춧가루를 섞고, 중간 불로 달군 팬에 식용유(1)를 두른 뒤 달걀물을 부어 가장자리가 익을 때까지 살살 젓고,

3

달걀 가운데에 잘게 썬 무말랭이를 얹고 3등분으로 접어 말고 뒤집어 1분간 더 익히고,

****

밥 위에 간장과 참기름을 뿌리고 무말랭이오믈렛과 김가루를 얹어 마무리.

입맛 없을 때 찾게 되는
오이장아찌

오이가 제철일 때 밥도둑 반찬 오이장아찌를 만들어보세요. 한여름엔 시원하게 국물김치로 즐기고, 고춧가루 양념으로 조물조물 무쳐 밑반찬으로도 즐겨보세요.

한 가지 요리의 3단 변신

 오이장아찌 → 오이지무침을 올린 물국수 → 오이지맛살유부초밥

오이 5개 분량

필수 재료 오이(5개), 굵은 소금(4)
단촛물 설탕(1컵)+소금(1컵)+식초(⅔컵)

1

오이는 굵은 소금으로 문질러 씻어 장아찌를 김치통에 담고,

2

냄비에 **단촛물** 재료를 넣어 끓이고,

3

뜨거울 때 오이에 단촛물을 붓고 오이가 떠오르지 않도록 무거운 것으로 누르고,

4

뜨거운 김이 빠지면 뚜껑을 덮어 실온에서 2~3일간 숙성시켜 마무리.

> 완성된 장아찌는 냉장 보관해요.

> 2~3일이 지나면 오이에서 물이 나와 국물의 양이 늘어나고 오이가 쭈글쭈글해져요.

part 2 83

오독오독 씹히고 후루룩 넘어가는
오이지무침을 올린 물국수

더위에 지친 오후, 시원하고 아삭아삭한 오이지물국수가 활기를 되찾아줄 거예요. 오이지의 매콤하고 아삭한 식감은 생각만으로 군침이 돌죠? 잠 못드는 밤 야식이나 고기 요리 후 입가심할 후식 메뉴로도 딱 좋아요.

한 가지 요리의 3단 변신

오이장아찌

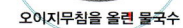
오이지무침을 올린 물국수

오이지맛살유부초밥

2인분

필수 재료 오이장아찌(1개), 소면(2줌), 시판 동치미 육수(2봉×300g)
양념 고춧가루(0.7), 다진 마늘(0.3), 참기름(0.5), 부순 참깨(0.2)

1

오이장아찌는 동그란 모양을 살려 얇게 썰어 찬물에 헹궈 물기를 짜고,

2

오이장아찌에 **양념**을 넣어 조물조물 무치고,

3

끓는 물(4컵)에 소면을 삶아 찬물에 헹궈 물기를 빼고,

> 소면은 포장지에 나와 있는 시간대로 삶아주세요.

4

그릇에 삶은 소면을 담고 오이지무침을 올린 뒤 동치미 육수를 부어 마무리.

part 2 · 85

피크닉 메뉴로 제격인
오이지맛살 유부초밥

평범한 유부초밥이 식상하다면 오이지로 식감을 살리고 맛살로 비주얼을 더해보세요. 한입에 쏙쏙 들어가니 아이들 학원 보내기 전 든든한 간식이나 피크닉 도시락으로도 활용할 수 있어요.

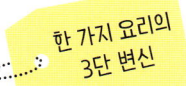
한 가지 요리의 3단 변신

오이장아찌 → 오이지무침을 올린 물국수 → 오이지맛살유부초밥

2인분

필수 재료 오이장아찌(⅓개), 양파(¼개), 맛살(3줄), 시판 유부초밥(1봉지=160g), 밥(2공기)
양념 레몬즙(0.7), 마요네즈(2.5), 허니머스터드(0.5), 후춧가루(약간)

1

오이장아찌와 양파는 잘게 다지고, 맛살은 결대로 잘게 찢고,

2

오이지, 양파, 맛살에 **양념**을 넣어 버무리고,

3

시판 유부초밥에 동봉된 조미액과 볶음 재료를 밥에 넣어 고루 섞고,

4

유부는 양념을 가볍게 짠 뒤 밥을 적당량씩 채워 넣고 오이지맛살무침을 얹어 마무리.

> 도시락을 쌀 때는 유부에 오이지맛살무침을 먼저 넣고 밥을 채우면 분리되지 않아요.

part 2 · 87

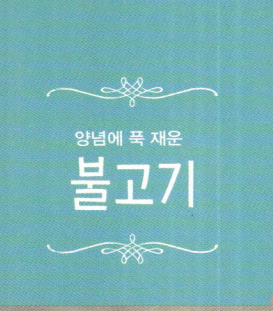

양념에 푹 재운
불고기

남녀노소 누구나 좋아하는 불고기는 달큰한
간장 양념장에 볶아 맨밥에 슥슥 비벼 먹으면 꿀맛이죠.
취향에 따라 당면이나 떡을 넣어도 좋아요.

한 가지 요리의 3단 변신

불고기 → 불고기전골 → 떠먹는불고기피자

6인분

필수 재료 쇠고기 불고기용(800g), 양파(1개), 대파(30cm)
선택 재료 당근(⅓개), 팽이버섯(1줌)
고기밑간 간 배(1컵)+맛술(5)+다진 마늘(2)+다진 생강(0.5)
양념장 설탕(5)+간장(1컵)+물(5)+다진 파(6)+간 양파(8)+참기름(3)+후춧가루(약간)

1

쇠고기는 키친타월에 받쳐 핏물을 제거한 뒤 **고기밑간**을 넣어 20분간 재우고,

> 핏물을 제거한 뒤 사용해야 누린내가 나지 않아요.

2

양념장을 넣고 고루 섞어 1시간 이상 재우고,

> 남은 불고기는 한 번 먹을 분량씩 지퍼백에 담아 냉동 보관해요.

3

양파는 채 썰고, 당근은 반갈라 어슷 썰고, 대파도 어슷 썰고, 팽이버섯은 밑동을 잘라낸 뒤 가닥가닥 찢고,

4

센 불로 달군 팬에 식용유(1)를 두르고 불고기의 색이 변할 때까지 볶고,

5

양파, 당근을 넣어 양파의 가장자리가 투명해지면 대파, 팽이버섯을 넣고 가볍게 볶아 마무리.

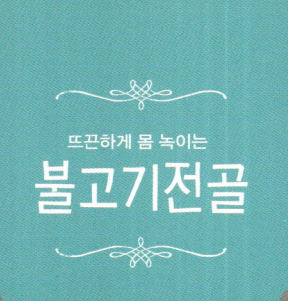

뜨끈하게 몸 녹이는
불고기전골

불고기는 국물이 있으면 있는 대로, 없으면 없는 대로 나름 매력이 있는데요. 불고기 전골은 양념한 불고기에 국물을 넉넉하게 붓고 당면, 버섯 등을 넣어 보글보글 끓여가며 온 가족이 둘러앉아 즐기는 부드러운 요리예요.

한 가지 요리의 3단 변신

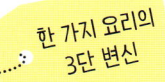 불고기 →  불고기전골 →  떠먹는불고기피자

4인분

필수 재료 불고기(300g), 두부(½모=145g), 배추(4장), 느타리버섯(한 줌), 대파(1개), 불린 당면(½줌=50g)
선택 재료 쑥갓(1줌)
육수 재료 무(⅔토막=100g), 다시마(1장=5×5cm)
양념 소금(0.1), 다진 마늘(0.5), 후춧가루(약간)

1

양념장에 재운 불고기를 준비하고,

2

두부와 배추는 한입 크기로 썰고, 느타리버섯은 가닥가닥 뜯고,

3

대파는 어슷 썰고, 쑥갓은 5cm 길이로 썰고,

4

냄비에 물(6컵)과 **육수 재료**를 넣어 끓어오르면 다시마는 건지고 10분간 더 끓여 무를 건지고,

무는 얇게 썰어야 맛 성분이 국물에 금방 우러나요.

5

전골냄비에 배추, 두부, 느타리버섯, 대파를 돌려 담고 가운데에 불린 당면과 불고기를 얹고, 육수를 부어 끓이다가 고기가 익으면 국물에 **양념**을 넣어 간을 맞춘 뒤 불을 끄고 쑥갓을 얹어 마무리.

쑥갓은 숨이 금방 죽기 때문에 불을 끄고 육수의 잔열로 익혀요.

도우 없이 즐기는
떠먹는 불고기 피자

밀가루 도우 없이 아이가 좋아하는 떠먹는 피자를 만들어보세요. 토핑은 남은 불고기를 이용하고 냉장고 속 채소면 충분해요. 그 위에 고소하고 짭짤한 슈레드 모차렐라치즈를 듬뿍 올려 노릇하게 구워내면 완성!

한 가지 요리의
3단 변신

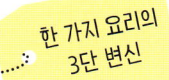

불고기

불고기전골

떠먹는불고기피자

2인분

필수 재료 불고기(200g), 파프리카(½개), 식빵(2장), 슈레드 모차렐라치즈(1컵)
선택 재료 마늘(3쪽), 통조림옥수수(⅓컵), 버터(2)
피자소스 마요네즈(3)+플레인 요구르트(3)+다진 양파(2)+
소금(0.1)+후춧가루(0.1)
 취향에 따라 시판 토마토소스를 사용해도 좋아요.

1

양념장에 재운 불고기를 준비하고,

2

파프리카와 식빵은 사방 2cm 크기로 썰고, 마늘은 얇게 납작 썰고, 통조림 옥수수는 체에 밭쳐 물기를 빼고,

3

중간 불로 달군 팬에 버터(2)를 두르고 마늘을 구워 노릇해지면 식빵, 파프리카를 볶아 내열용기에 옮겨 담고,

4

같은 팬에 식용유(0.5)를 두르고 불고기를 센 불에서 물기가 거의 없어질 때까지 볶고,

5

내열용기에 불고기, 파프리카, 볶은 식빵, **피자소스**, 통조림 옥수수를 얹은 뒤 슈레드 모차렐라치즈를 뿌리고 170℃로 예열한 오븐에서 5~7분간 구워 마무리.

우리아이가 제일 좋아하는
장조림

따끈한 밥에 장조림 한 점이면 금세
한 그릇 뚝딱 해치우죠. 메추리알 대신
달걀을 넣어도 좋고 쇠고기는 닭고기로
대체해도 충분히 그 맛을 낼 수 있어요.

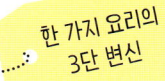

한 가지 요리의 3단 변신

장조림

장조림버터볶음밥

장조림 야끼우동

6인분

필수 재료 쇠고기 홍두깨살(350g), 삶은 메추리알(30개)
고기 삶는 재료 양파(½개), 대파 푸른 잎(1대), 마른 고추(1개), 마늘(5쪽)
조림장 간장(⅔컵)+설탕(2)+청주(3)

1

쇠고기는 핏물을 닦아내 결 방향으로 5cm 길이로 썰고,

2

냄비에 물(5컵)과 **고기 삶는 재료**, 고기를 넣고 중간 불에서 고기가 부드럽게 익을 때까지 삶고,

3

쇠고기는 건지고, 국물은 체에 거르고,

4

냄비에 고기 삶은 물과 쇠고기, **조림장**, 메추리알을 넣고 중약 불에서 국물이 반 정도 남을 때까지 조려 마무리.

입이 기억하는 그 맛!
장조림 버터볶음밥

뜨거운 밥에 버터와 간장만 넣고 비벼 먹어도 맛있죠.
간장 대신 장조림과 장조림국물을 넣고 볶으면
부드러운 버터의 풍미가 살아 있는 볶음밥이 완성돼요.
김가루를 솔솔 뿌리는 것도 잊지마세요.

한 가지 요리의
3단 변신

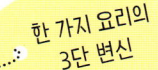
장조림

장조림버터볶음밥

장조림야끼우동

2인분

필수 재료 쇠고기 장조림(1컵), 버터(3), 김치(½컵), 밥(2공기)
tip 장조림에 들어있는 메추리알도 같이 넣어요.
선택 재료 대파(7cm), 김가루(4)
양념 장조림 국물(5), 올리고당(0.5)

1

쇠고기 장조림은 잘게 찢고,

2

대파는 송송 썰고, 김치는 양념을 털어낸 뒤 국물을 짜서 송송 썰고,

> 김치소와 국물이 들어가면 짤 수 있으니 손으로 눌러 짜요.

3

팬에 버터(3)를 넣고 반쯤 녹으면 대파와 김치를 넣어 볶고,

4

밥을 넣고 볶아 밥에 윤기가 돌면 장조림 국물과 고기를 섞고 올리고당(0.5)과 김가루를 넣고 조금 더 볶아 마무리.

> 마지막에 올리고당을 넣으면 윤기가 돌고 짠맛이 줄어들어요.

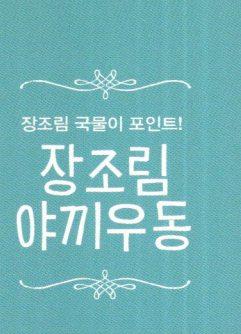

장조림 국물이 포인트!
장조림 야끼우동

짭조름한 장조림 국물은 어느 요리에나 잘
어울리죠? 쫄깃한 우동 면에는 특히나 잘 어울려요.
가끔 밥 먹기 싫은 날, 별미로 볶음면을 즐겨보세요.

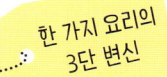

한 가지 요리의 3단 변신

장조림

→

장조림버터볶음밥

→

장조림야끼우동

2인분

필수 재료 쇠고기 장조림(1컵), 달걀(1개), 양배추(3장=80g), 양파(½개), 마늘(3쪽), 우동면(2봉×200g)
tip 기호에 따라 우동 대신 메밀면, 스파게티 등을 활용해도 좋아요.
선택 재료 쪽파(2대), 가쓰오부시(½줌)
양념장 물(4)+설탕(0.7)+장조림 국물(5)+굴소스(2.5)+돈가스 소스(1.5)+후춧가루(0.1)

1.

쇠고기 장조림은 잘게 찢고, 양배추, 양파, 마늘은 납작하게 썰고, 쪽파는 송송 썰고,

2.

끓는 물(4컵)에 우동면을 넣고 30초 정도 면발이 풀어질 정도로만 데쳐 건지고,

3.

센 불로 달군 팬에 식용유(1)를 두르고 마늘을 볶아 향이 올라오면 양배추, 양파를 넣어 볶다가, 재료를 가장자리로 밀어 놓고, 달걀을 풀어 붓어 중간 불로 젓가락으로 저어가며 익히고,

4.

우동면과 **양념장**, 장조림을 넣은 뒤 간이 배도록 조금 더 볶아 그릇에 담고 가쓰오부시와 쪽파를 뿌려 마무리.

만만한 고기반찬
제육볶음

돼지고기만 있으면 바로 만들 수 있는 제육볶음.
돼지고기를 맛술과 다진 생강으로 밑간해
누린내를 잡는 게 포인트예요!
만들기도 쉽고 맛도 좋아 밥도둑이 따로 없죠.

한 가지 요리의 3단 변신

 제육볶음 → 제육치즈볶음밥 →  제육볶음케사디야

4인분

필수 재료 돼지고기 앞다리살(450g), 양파(1개), 대파(2대)
밑간 맛술(2), 다진 생강(0.5), 후춧가루(약간)
양념장 고춧가루(2)+설탕(2)+간장(2.5)+다진 마늘(2)+고추장(5)+참기름(1)+후춧가루(약간)

1
양념장을 만들고,

2
얇게 썬 돼지고기는 한입 크기로 썰어 키친타월에 올려 핏물을 뺀 뒤 **밑간**에 재우고,

3
양파는 굵게 채 썰고, 대파는 어슷 썰고,

> 양념한 제육은 한 번 먹을 만큼 나눠 냉장실에 두면 2~3일간 먹을 수 있어요. 더 오래 보관할 때는 냉동실에 보관해요.

4
밑간한 돼지고기는 **양념장**에 버무려 20분간 재우고,

> 돼지고기를 먼저 양념한 뒤 채소를 넣어야 고기에 간이 고루 배고 채소가 부서지지 않아요.

5
중간 불로 달군 팬에 식용유(2)를 두른 뒤 양념한 돼지고기와 채소를 넣어 충분히 익을 때까지 볶아 마무리.

고깃집에서 먹는 그 느낌
제육치즈 볶음밥

고기를 구워 먹고 나면 마지막에 밥을 볶아야 제맛이죠. 제육볶음이 남았을 때 냉장고에 두었다가 밥을 넣어 볶아보세요. 치즈도 듬뿍 넣어 떠먹는 맛이 예술이네요.

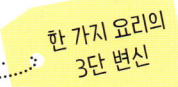

제육볶음 → 제육치즈덮밥 → 제육볶음케사디야

2인분

필수 재료 양파(⅓개), 김치(1컵), 양념한 제육(1컵=170g), 밥(2공기), 슈레드 모차렐라치즈(⅔컵)
선택 재료 피망(⅓개), 표고버섯(2개)
양념 참기름(1)

1

양파와 피망, 김치는 굵게 다지고, 표고버섯은 납작하게 썰고,

2

양념한 제육은 가위로 작게 자른 뒤 다진 김치와 섞어 식용유(2)를 두른 팬에 넣어 중간 불로 저어가며 볶고,

3

고기가 익기 시작하면 양파, 피망, 표고버섯을 넣어 1분간 볶다가 밥을 넣어 간이 배도록 섞어가며 센 불로 볶고,

4

참기름(1)을 섞어 밥을 고루 편 뒤 슈레드 모차렐라치즈를 올리고 뚜껑을 덮어 약한 불로 치즈를 녹여 마무리.

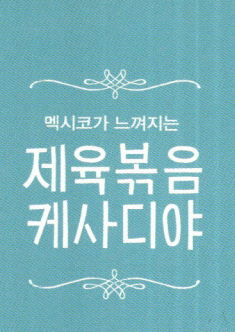

멕시코가 느껴지는
제육볶음 케사디야

케사디아는 토르티야 사이에 치즈와 채소 등
여러 가지 재료를 넣어 구운 멕시코 요리예요.
여기에 우리 입맛에 딱맞는 제육볶음을 더해
한국스타일의 케사디아로 완성했어요.
술 안주로 딱 어울려요.

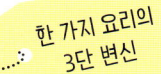
한 가지 요리의 3단 변신

제육볶음

제육치즈볶음밥

제육볶음케사디야

4인분

필수 재료 양배추(3장), 양념한 제육(250g), 토르티야(4장), 슈레드 모츠-렐라치즈(2컵)
선택 재료 양파(¼개), 슬라이스 체다치즈(4장), 다진 피클(6), 사워크림(5), 파슬리가루(0.3)
TIP 사워크림이 없다면 플레인 요거트를 사용해도 좋아요.

1
양배추와 양파는 채 썰고,

2
센 불로 달군 팬에 식용유(1)를 둘러 양념한 제육을 볶다가 고기가 익기 시작하면 양배추와 양파를 넣어 볶고,

3
중약 불로 달군 마른 팬에 토르티야를 얹고 바닥면이 갈색으로 변하면 뒤집어 체다치즈(1장) → 제육볶음(¼분량) → 다진 피클(1.5) → 슈레드 모차렐라치즈(½컵) 순으로 올리고,

4
반으로 접어 지그시 눌러가며 앞뒤로 구워 치즈가 녹으면 먹기 좋게 잘라 그릇에 담고 사워크림, 파슬리가루를 곁들여 마무리.

쫄깃하게 입맛 당기는
오징어볶음

뭘 먹어야 할지 고민되는 날엔
매콤한 양념장에 채소 듬뿍 넣은
오징어볶음으로 입맛을 확 살려보세요.
센 불에서 채소를 먼저 볶다가
오징어를 넣고 재빨리 볶아야
물이 생기지 않아요.

한 가지 요리의 3단 변신

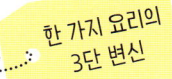 오징어볶음 →  오징어볶음국수 →  오징어오코노미야키

4인분

필수 재료 양파(1개), 당근(¼개), 대파(1대), 오징어(2마리)
선택 재료 청·홍고추(1개씩)
양념장 설탕(2)+고춧가루(5)+간장(3)+다진 마늘(1.5)+다진 생강(0.5)-굴 소스(1.5)+
물엿(1.5)+고추장(2)+참기름(1)+부순 참깨(0.5)+후춧가루(0.1)

1

양념장은 섞어 두고,

2

양파는 채 썰고, 당근은 길게 반 갈라 어슷 썰고, 대파와 고추도 어슷 썰고,

3

오징어는 머리 안쪽의 내장, 눈, 다리 안쪽의 입을 제거하고,

4

몸통 안쪽에는 잔 칼집을 넣고 길게 반 갈라 1cm 폭으로 썰고, 오징어 다리는 한입 크기로 썰고,

5

팬에 식용유(1)를 두른 뒤 당근과 양파를 넣어 센 불에서 30초 정도 볶고,

6

오징어를 넣고 반 이상 익으면 **양념장**과 대파, 고추를 넣어 고루 간이 배도록 조금 더 볶아 마무리.

초간단 국수
오징어 볶음국수

오징어볶음에 쌀국수를 넣어 근사한 면 요리를 만들어보세요. 양념장을 따로 만들지 않아도 되고 쌀국수도 삶을 필요가 없어서 조리시간이 절반으로 줄어드네요. 쌀국수 대신 소면을 넣어도 어울려요.

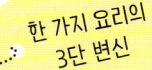
한 가지 요리의
3단 변신

오징어볶음

오징어볶음국수

오징어오코노미야키

2인분

필수 재료 굵은 쌀국수 면(2줌=150g), 숙주(2줌), 대파(15cm), 오징어볶음(1컵=140g)
선택 재료 부추(½줌), 홍고추(1개)
양념 다진 마늘(1), 참기름(0.5), 참깨(0.5)

1

쌀국수 면은 찬물에 담가 30분 이상 불리고,

2

숙주는 지저분한 부분을 다듬고, 부추는 4cm 길이로 썰고, 대파와 홍고추는 송송 썰고,

3

약한 불로 달군 팬에 식용유(2)를 두르고 다진 마늘(1)과 대파를 노릇해질 때까지 볶은 뒤 불린 쌀국수와 오징어볶음을 넣고 센 불로 2분간 볶고,

오징어볶음 국물도 같이 넣어 간과 농도를 맞춰요.

4

숙주와 부추, 홍고추를 넣고 재빨리 볶아 불을 끈 뒤 참기름(0.5), 참깨(0.5)를 뿌려 마무리.

숙주와 부추가 숨이 완전히 죽지 않도록 아삭한 식감을 살려 볶는 게 포인트예요.

일식집 부럽지 않은
오징어 오코노미야키

일본의 대표 메뉴 오코노미야키, 노릇하게 부친 부침개랑 흡사해요. 고기를 다져 넣어도 좋지만 먹다 남은 오징어볶음을 넣고 넓적하게 부쳐 젓가락으로 쭉 찢어 먹는 맛이 좋네요.

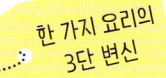 한 가지 요리의 3단 변신

오징어볶음

오징어볶음국수

오징어오코노미야키

2인분

필수 재료 양배추(⅛통), 베이컨(3장), 달걀(2개), 부침가루(1컵), 오징어볶음(1컵=140g)
선택 재료 쪽파(3대), 가쓰오부시(1줌)
소스 데리야키소스(3), 마요네즈(3)

1

양배추는 곱게 채 썰고, 베이컨은 한입 크기로 썰고, 쪽파는 3cm 길이로 썰고,

2

볼에 달걀(2개)을 곱게 푼 뒤 부침가루를 넣어 젓가락으로 섞고, 손질한 재료와 오징어볶음을 넣어 가볍게 섞고,

3

팬에 식용유를 넉넉히 둘러 중간 불로 달군 뒤 반죽을 도톰하게 올려 앞뒤로 노릇하게 굽고,

4

속까지 다 익으면 접시에 담고 **소스**와 가쓰오부시를 뿌려 마무리.

소스는 소스통, 짤주머니, 비닐팩 등을 사용하면 예쁘게 뿌릴 수 있어요.

기본 중에 기본
멸치볶음

매일매일 반찬을 만들기 어렵죠? 시간 있는 주말에 미리 밑반찬을 만들어 두면 일주일이 편해요. 마늘을 넣고 향을 낸 기름에 멸치를 볶으면 더 맛이 좋아요. 바삭한 멸치볶음을 원한다면 기름을 넉넉히 두르고 바삭하게 볶아주세요.

한 가지 요리의 3단 변신

멸치볶음

멸치비빔국수

멸치볶음주먹밥

6인분

필수 재료 잔멸치(1½컵)
tip 취향에 따라 중간 크기의 멸치를 사용하거나 견과류를 같이 넣어도 좋아요.
양념 다진 마늘(0.7), 물엿(1), 참기름(0.5)
양념장 설탕(1)+간장(0.5)+맛술(1.5)+참깨(0.5)

1

잔멸치는 마른 팬에 약한 불로 볶아 꺼내고,

2

팬에 식용유(2)를 두르고 다진 마늘(0.7)을 약한 불에 볶아 향을 내고,

> 다진 마늘은 쉽게 타니 약한 불에서 은은하게 볶아요.

3

잔멸치를 넣어 30초간 볶고,

4

볶은 멸치를 가장자리로 밀어놓고 **양념장**을 부어 끓어오르면 볶은 멸치와 고루 섞고,

5

물기가 없어지면 불을 끄고 물엿(1)과 참기름(0.5)을 넣고 섞어 마무리.

> 멸치볶음이 한 덩어리가 되지 않도록 물엿은 불을 끄고 가볍게 섞어요.

Part 2

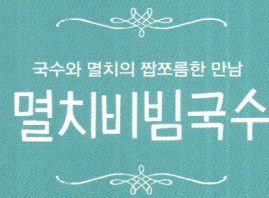

국수와 멸치의 짭쪼름한 만남
멸치비빔국수

밥에만 볶아 먹었던 멸치볶음을 매콤상큼한 비빔국수와 비비면 또다른 별미랍니다. 오독오독 씹히는 맛과 쫄깃한 면발의 식감을 한껏 살려주네요.

한 가지 요리의 3단 변신

멸치볶음 → 멸치비빔국수 → 멸치볶음주먹밥

2인분

필수 재료 멸치볶음(1줌), 느타리버섯(1줌), 양파(½개), 소면(2줌)
선택 재료 당근(⅕개)
양념 소금(0.3)
양념장 고춧가루(1)+간장(2)+물(1)+올리고당(1)+참기름(1)+참깨(1)

1

멸치볶음을 준비하고,

2

느타리버섯은 결대로 찢고, 당근, 양파는 얇게 채 썰고,

3

식용유(1)를 둘러 버섯, 양파, 당근을 각각 소금(0.1)으로 간해 볶아 꺼내 식히고,

4

끓는 물(5컵)에 소면을 3분 30초간 삶은 후, 찬물에 비벼 헹궈 물기를 뺀 뒤 **양념장**을 넣어 버무리고,

5

그릇에 면을 담은 뒤 볶은 채소와 멸치볶음을 얹어 마무리.

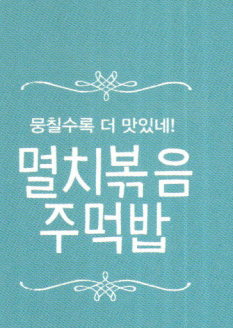

뭉칠수록 더 맛있네!
멸치볶음 주먹밥

멸치 싫어하는 아이들 많죠? 주먹밥에 스크램블 에그와 멸치볶음을 넣어 한 입 쏙 주먹밥을 만들어보세요. 편식하던 아이를 위한 특급 메뉴랍니다. 편식하는 채소도 다져 넣어 만든 채소 주먹밥도 추천해요.

한 가지 요리의
3단 변신

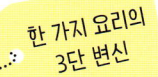  멸치볶음 →  멸치비빔국수 →  멸치볶음주먹밥

2인분

필수 재료 멸치볶음(1줌), 달걀(1개), 깻잎(5장), 밥(2공기)
선택 재료 김가루(3)
양념 소금(0.1), 참기름(1), 참깨(0.7)
tip 멸치볶음의 간에 따라 소금의 양을 조절해요.

1

멸치볶음을 준비하고,

2

달걀에 소금(0.1)을 넣어 곱게 풀고,

3

중간 불로 달군 팬에 식용유(1)를 두르고 달걀물을 넣어 젓가락으로 저어가며 스크램블드에그를 만들고,

4

깻잎은 길게 반으로 갈라 곱게 채 썰고,

5

밥에 깻잎, 스크램블드에그, 김가루, 멸치볶음과 참깨, 참기름을 섞은 뒤 한입 크기로 뭉쳐 마무리.

차가워도 맛있는
진미채무침

반찬계의 양대산맥은 멸치볶음과 진미채무침이죠. 쫄깃한 식감과 달콤한 양념이 반찬은 물론 술안주로도 그만이에요. 청주로 비린내를 잡고, 마요네즈로 부드러운 맛을 살리는 게 비법이랍니다.

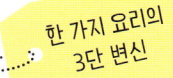

진미채무침 → 진미채삼각김밥 → 진미채두부전

4인분

필수 재료 진미채(3줌=150g)
양념장 설탕(0.5)+청주(4)+다진 마늘(0.3)+다진 생강(0.1)+올리고당(2)+고추장(3)+참깨(0.3)
양념 청주(3), 마요네즈(3)

1

진미채는 먹기 좋은 길이로 자르고,

2

진미채에 **양념**을 넣어 버두리고,

> 진미채를 청주와 마요네즈에 버무려 두면 촉촉하고 부드러워져요.

3

양념장을 섞어 팬에 넣고 중간 불에서 끓어오르면 불을 끄고,

4

진미채에 양념장을 넣고 버무려 마무리.

속이 궁금해!
진미채 삼각김밥

진미채볶음을 잘게 잘라 밥 안에 넣으니
야금야금 베어 먹는 재미가 있어요.
학원 가기 전 아이들 점심으로도
너무 좋고, 피크닉에 어울리는 도시락
메뉴로도 좋아요.

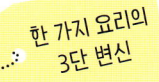 

한 가지 요리의 3단 변신

진미채무침 → 진미채삼각김밥 → 진미채두부전

2인분

필수 재료 진미채무침(1컵), 밥(2공기), 마른 김(¼장)

1

진미채무침은 가위로 잘게 자르고,

2

밥공기에 랩을 깔고 밥(½공기)을 덜어 넓게 편 뒤 진미채무침(½컵)을 얹고,

3

남은 밥(½공기)으로 덮고 랩으로 감싸 한 덩어리로 뭉치고,

4

삼각형 모양으로 빚은 뒤 김으로 감싸 마무리.

고소함에 한 입 더!
진미채두부전

두부전에 채소 대신 고추장양념으로 볶은 진미채를
넣어봤어요. 부드러운 맛에 쫄깃한 식감이 더해져
씹는 맛이 일품이에요. 깻잎을 더하면 고소한 향이
식욕을 자극해요.

한 가지 요리의 3단 변신

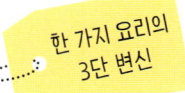  →  →

진미채무침 진미채삼각김밥 진미채두부전

2인분

필수 재료 진미채무침(1컵), 두부(1모=290g), 달걀(1개), 밀가루(5)
선택 재료 깻잎(3장)
양념 소금(0.1)

1

깻잎과 진미채무침은 잘게 썰고, 두부는 칼의 옆면으로 으깨 면포로 감싸 물기를 꼭 짜고,

2

볼에 으깬 두부와 진미채무침, 달걀, 밀가루, 소금(0.1)을 넣어 고루 섞은 뒤 깻잎을 섞고,

3

중간 불로 달군 팬에 식용유(2)를 두르고 반죽을 한 숟가락씩 올리고 앞뒤로 노릇하게 구워 마무리.

> 고추장 양념이 들어가 있어 겉이 타기 쉬우니 주의하세요.

Part 3
시판 제품으로 별미요리 만들기

시판제품을 적절히 믹스해 후다닥 만드는 별미요리를 소개합니다.

일본여행 가서 먹던 그 맛
스팸오코노미야키

굽기만 해도 완벽한 통조림 햄에 부침 가루를 더하니 맛도 모양도 근사한 맥주 안주로 업그레이드 됐어요. 마요네즈와 데리야키 소스를 뿌리고 가쓰오부시로 마무리하면 일본식 별미인 오코노미야키 완성!

통조림 햄

2인분

필수 재료 양파(½개), 양배추(3장), 통조림 햄(½캔=100g)
부침 반죽 부침가루(¾컵), 식용유(2)
토핑 데리야끼소스(3), 마요네즈(1.5), 가쓰오부시(1줌), 송송 썬 쪽파(약간)

1 양파, 양배추, 햄은 채 썰고,

2 물(⅔컵)과 부침 가루(¾컵)에 손질한 재료를 넣어 가볍게 버무리고,

3 중간 불로 달군 팬에 식용유(2)를 둘러 **반죽**을 도톰하게 올린 뒤 앞뒤로 노릇하게 부치고,

4 데리야끼소스(3)를 펴 바른 뒤 마요네즈를 뿌리고 가쓰오부시와 쪽파를 얹어 마무리.

하와이 국민 메뉴
스팸무스비

2인분

필수 재료 깻잎(2장), 김(1장), 통조림 햄(½캔), 김치(¼컵), 밥(1공기)
김치 양념 고추장(0.5), 설탕(0.3), 참기름(0.3)
밥 양념 참기름(1), 통깨(0.3)

❶ 깻잎은 굵게 채 썰고, 김은 스팸통 폭에 맞춰 자르고, 햄은 2등분하고,
❷ 김치는 양념을 씻어내고 물기를 꼭 짠 뒤 **김치 양념**에 버무리고,
❸ 밥은 **밥 양념**을 넣어 버무리고,
❹ 햄은 팬에 노릇하게 구워 꺼내 식히고,
❺ 스팸통에 랩을 깔고, 햄→깻잎→밥, 햄→김치무침→밥 순으로 각각 채우고,
❻ 통에서 꺼내 랩을 제거하고, 김으로 만 두 한입 크기로 썰어 마무리.

이탈리아식 정통 오믈렛
프리타타

오믈렛처럼 생긴 프리타타는 이탈리아 스타일의 달걀구이에요. 여기에 짭조름한 통조림 햄과 버섯을 듬뿍 넣고 구웠더니 든든한 브런치 메뉴가 탄생했어요.

2인분

필수 재료 양파(½개), 통조림 햄(½캔=100g)
선택 재료 양송이버섯(3개)
달걀물 달걀(3개)+우유(⅔컵)+소금(약간)+파르메산 치즈가루(3)+맛술(1)+다진 마늘(0.5)+후춧가루(약간)

1 양파와 햄은 굵게 채 썰고, 양송이버섯은 납작 썰고,

한 김 식혀요.

2 올리브유(0.5)를 두른 팬에 양파, 햄, 양송이버섯을 차례로 센 불에서 볶아 건지고,

3 달걀물에 볶은 재료를 넣어 섞고,

4 오븐 용기에 담아 170℃로 예열한 오븐에서 25분간 구워 마무리.

짭조름한 감자에 담백한 햄을 더해

감자햄볶음

2인분

필수 재료 감자(1개), 슬라이스햄(2장), 피망(½개)
양념 소금(약간), 후춧가루(약간), 통깨(0.2)
소금물 물(1컵)+소금(0.5)

❶ 감자는 채 썰어 소금물에 10분간 담가 절이고,
❷ 절인 감자를 찬물에 헹궈 물기를 빼고,
Tip > 감자의 전분질을 없애야 들러붙지 않게 해요.
❸ 햄과 피망은 감자와 비슷한 굵기로 채 썰고,
❹ 달군 팬에 식용유(3)를 두르고, 감자를 넣어 투명한 느낌이 날 때까지 볶고,
Tip > 식용유를 넉넉히 둘러야 눌어붙지 않고 잘 익어요.
❺ 햄과 피망을 넣어 함께 볶고,
❻ 소금으로 간을 하고 후춧가루, 통깨 뿌려 마무리.

양파볶음햄구이밥

짭조름한 통조림 햄에 부드러운 달걀프라이를 얹으면 어른들도 좋아하는 추억의 도시락 맛을 느낄 수 있어요. 더 건강하게 먹고 싶다면 양배추를 채 썰어 곁들여도 좋아요.

2인분

필수 재료
양파(1개),
통조림 햄(1캔=200g),
밥(2공기)

선택 재료
쪽파(2대), 달걀(2개),
참깨(0.3)

양념장
설탕(0.3)+간장(1)+맛술(1)+
참기름(0.3)

1

양파는 반으로 갈라 채 썰고, 쪽파는 송송 썰고,

2

햄은 한입 크기로 깍둑 썰고,

3

양념장을 만들고,

4

팬에 식용유(0.3)를 둘러 햄을 돌려가며 노릇하게 구워 한쪽으로 몰고, 식용유(1)를 한 번 더 둘러 달걀프라이를 만든 뒤 모두 꺼내고,

5

팬을 키친타월로 닦은 뒤 식용유(1)를 두르고, 양파를 넣어 중약 불로 볶다가 투명해지면 양념장을 넣어 간이 배도록 조금 더 볶고,

6

밥 위에 양파볶음→햄→달걀프라이 순으로 올린 뒤 쪽파와 참깨를 뿌려 마무리.

 통조림 햄

스팸돈부리

돈가스를 통조림 햄으로 바꿔 간단하지만 색다른 맛을 더한 스팸돈부리예요. 짭짤한 햄과 부드럽게 반숙 조리한 달걀, 감칠맛 나는 간장 육수의 맛이 잘 어우러진 돈부리 한 그릇에 배는 든든하고 몸은 따뜻해진답니다.

2인분

필수 재료
양파(½개), 스팸(½캔=100g),
달걀(1개), 밥(1공기)

선택 재료
가쓰오부시(⅓컵), 쪽파(1대)

양념
설탕(0.5), 간장(0.7),
참기름(0.5), 후춧가루(약간)

1

가쓰오부시가 없다면 맹물을 사용해도 좋아요.

따뜻한 물(1/2컵)에 가쓰오부시를 넣고 5분 정도 우려 체에 거르고,

2

양념을 섞어 육수를 만들고,

3

양파는 굵게 채 썰고, 햄은 4등분하고, 쪽파는 송송 썰고,

4

햄을 팬에 노릇하게 구워 꺼내고,

5

팬에 식용유(1)를 두르고 양파를 넣어 숨이 죽을 정도로 충분히 볶다가 육수를 붓고,

6

육수가 끓어오르면 구운 햄을 넣고, 가볍게 푼 달걀을 부어 반숙으로 익힌 뒤 밥에 얹어 마무리.

마지막에 송송 썬 쪽파를 올려주세요.

달콤한 한입 간식
옥수수빠스

중식당에서 후식으로 자주 나오는 달달한 빠스를 집에서 만들어 보세요. 쫄깃하면서도 바삭한 반죽과 달콤한 고구마의 맛이 잘 어울려요. 한 김 살짝 식혀 먹으면 더 맛있어요.

통조림 옥수수

2인분

필수 재료 통조림 옥수수(2컵)
Tip > 체에 밭쳐 물기를 빼 준비해요.
반죽 재료 달걀노른자(1개 분량), 녹말가루(4)
시럽 재료 설탕(1), 식용유(1), 올리고당(3)

1 옥수수(½분량)는 믹서에 갈아 나머지 옥수수(½분량), **반죽 재료**와 섞고,

2 180℃로 달군 식용유(4컵)에 반죽을 한 숟가락씩 떼어 넣어 노릇하게 튀겨 건지고,

> 식용유에 젓가락을 넣어 2~3초 뒤 기포가 생기면 적당한 온도예요.

3 팬에 **시럽 재료**를 넣어 약한 불로 끓이고,

4 주걱으로 들어올렸을 때 시럽이 실처럼 늘어나면 옥수수 튀김을 넣고 버무려 마무리.

> 바스를 옮겨 담을 때 먼저 그릇에 식용유를 살짝 발라주세요. 그래야 그릇에 바스가 달라붙지 않아요.

톡톡 씹히는 옥수수가 포인트
옥수수게맛살전

4인분
필수 재료 통조림 옥수수(1캔=340g), 게맛살(4개), 달걀(4개), 소금(0.2)
선택 재료 애느타리버섯(4줌), 실파(5줄기)

❶ 옥수수는 체에 밭쳐 물기를 빼고,
❷ 게맛살은 가늘게 찢어 애느타리버섯, 실파와 함께 적당한 길이로 자르고,
Tip > 애느타리버섯은 마트에서 팩에 담겨 판매되는 작은 송이의 제품을 말해요. 참느타리버섯으로 표기되어 있답니다.
❸ 모든 재료를 그릇에 담고, 소금(약간)으로 간해 섞고,
❹ 달걀은 소금(0.2)을 넣어 풀고,
Tip > 거품이 나도록 달걀을 저으면 공기가 들어가 전이 푸석거리고 식감이 좋지 않아요.
❺ 섞어 놓은 재료에 달걀물을 부어 가볍게 섞은 뒤 달군 팬에 식용유(2)를 두르고, 한 숟가락씩 앞뒤로 부쳐 마무리.

곁들이 메뉴로 최고
콘슬로우

곁들이 메뉴로 딱인 콘슬로우예요. 새콤한 드레싱을 곁들여 본 식사 전 가볍게 즐기기 좋아요. 씹을수록 단맛 나는 옥수수와 아삭한 양배추, 파프리카가 입맛을 돋게 해요. 노란색, 빨간색, 흰색이 어우러진 색감 역시 보는 맛을 더하네요.

통조림 옥수수

.... 2인분 ....

필수 재료 통조림 옥수수(1½컵), 양파(¼개)
선택 재료 파프리카(¼개), 양배추(2장), 소금(0.2)
드레싱 설탕(0.5)+식초(1)+마요네즈(3)+소금(약간)+후춧가루(약간)

1 옥수수는 체에 밭쳐 물기를 빼고,

2 양파, 파프리카, 양배추는 옥수수 크기로 다지고,

3 양배추는 소금(0.2)을 넣고 7분간 절여 물기를 빼고,

4 볼에 **드레싱** 재료를 섞어 설탕이 녹으면 모든 재료를 버무려 마무리.

톡톡 씹는 재미
옥수수김밥

색다른 김밥을 만들고 싶을 때 톡톡 씹는 재미가 있는 옥수수김밥을 만들어보세요. 일반 김밥과 다르게 짜지 않고 담백해 자꾸 손이 가요. 씻어 넣은 김치로 깔끔한 마무리까지. 모든 재료를 샐러드처럼 섞어 한 번에 올려 간단하게 만들어도 좋아요.

2줄 분량

필수 재료
밥(2공기), 통조림
옥수수(½컵), 김치(1줄기),
김(2장)

선택 재료
맛살(1줄)

밑간
소금(0.2), 참기름(1.5),
참깨(0.5)

양념
마요네즈(1.5), 소금(약간),
후춧가루(약간)

1
밥은 밑간에 버무리고,

2
청양고추나 피망을 다져 넣어도 좋아요.
통조림 옥수수는 체에 밭쳐 물기를 제거한 뒤 양념에 버무리고,

3
김치는 물에 헹궈 물기를 짠 뒤 3cm 폭으로 길게 갈라 2등분 하고,

취향에 따라 김치 양을 늘려도 좋아요.

4
맛살은 길게 2등분하고,

5
김 ⅔ 면적에 밥(1공기 분량)을 고루 펴 올린 뒤 중앙에 김치와 맛살, 옥수수를 올리고 돌돌 말아 마무리.

맛있게 터지는 이 맛
옥수수참치전

톡톡 터지는 옥수수 알과 부드러운 참치가 어우러진 한입 부침개! 재료도 구하기 쉽고 맛있으니 반찬 없을 때 만들기 좋아요. 냉장고 속 채소를 더하면 더욱 풍성하고 맛있답니다.

4인분

필수 재료
통조림 옥수수(4),
통조림 참치(1캔=150g),
달걀(2개)

선택 재료
피망(½개), 양파(¼개)

반죽 재료
밀가루(2), 소금(0.2),
후춧가루(약간)

1

통조림 참치는 체에 밭쳐 기름을 빼 부수고, 통조림 옥수수는 체에 밭쳐 물기를 빼고,

2

피망과 양파는 굵게 다지고,

3

참치, 옥수수, 피망, 양파에 **반죽 재료**를 넣고 버무린 뒤 달걀을 풀어 섞고,

4

달군 팬에 식용유(1)를 두른 뒤 반죽을 동그랗게 올리고 노릇하게 부쳐 마무리.

반찬 없이도 한 그릇 뚝딱!
데리야키소스조림덮밥

통조림 닭가슴살로 일품요리를 만들었어요. 닭가슴살의 담백한 맛과 데리야키소스의 감칠맛이 만나 앙상블을 이뤘네요. 별 다른 반찬 없이 간편하게 만드는 메뉴라 더 자주 생각날 거예요.

통조림 닭가슴살

······················· 1인분 ·······················

필수 재료 양파(¼개), 청·홍피망(¼개씩), 대파(1대), 통조림 닭가슴살(1캔=135g), 밥(1공기)
선택 재료 주키니호박(⅛개)
데리야키소스 설탕(0.5)+녹말가루(0.2)+맛술(1)+청주(1 + 간장(2)+물(5)+물엿(1)+참기름(0.3)+후춧가루(0.1)

1 양파, 피망은 굵게 채 썰고, 주키니호박은 길게 반 갈라 어슷 썰고, 대파는 송송 썰고,

2 통조림 닭가슴살은 체에 밭쳐 물기를 빼고, **데리야키소스**를 만들고,

3 중간 불로 달군 팬에 식용유(1)를 둘러 대파, 양파, 피망, 주키니호박을 볶고,

4 닭가슴살을 넣어 10초 정도 더 볶은 뒤 데리야키소스를 부어 국물이 자작해지면 밥 위에 얹어 마무리.

중국식으로 볶아요
닭가슴살숙주볶음

3인분 **필수 재료** 닭가슴살(2쪽), 숙주(2줌), 마늘(3쪽)
선택 재료 쪽파(5대), 붉은 고추(½개)
양념장 설탕(0.5)+청주(1.5)+간장(0.7)+두반장(2)
밑간 생강즙(1.5), 후춧가루(약간)

① 통조림 닭가슴살은 체에 밭쳐 물기를 빼고,
② 닭가슴살은 길게 썰어 밑간하고, 양념장은 섞어두고, 숙주는 씻어 물기를 빼고, 쪽파는 적당한 길이로 썰고, 마늘은 굵게 다지고, 붉은고추는 송송 썰고,
③ 달군 팬에 식용유(2)를 두르고 마늘을 볶다가 노릇해지면 닭가슴살을 넣어 중간 불로 볶고,
④ 닭가슴살이 익으면 숙주를 넣어 센 불에서 재빨리 볶고,
⑤ 양념장과 쪽파, 붉은고추를 넣고 중약불로 줄여 살짝 볶아 마무리.

새콤달콤 자꾸만 손이가는
닭가슴살초무침

매콤한 양념과 담백하고 쫄깃한 닭가슴살이 어우러진 초무침이에요. 밥반찬으로도 좋지만 단품 요리로도 손색없답니다. 아삭한 피망과 은은한 향이 매력적인 미나리까지 곁들여져 질리지 않아요.

통조림 닭가슴살

2인분

필수 재료 양파(⅓개), 미나리(½줌), 통조림 닭가슴살(1캔×135g)
선택 재료 청·홍고추(1개씩)
양념장 설탕(0.5)+간장(1)+식초(1.5)+다진 마늘(0.3)+
올리고당(2)+고추장(1)+참기름(0.3)+부순 참깨(0.5)

1 양파는 채 썰고, 미나리는 비슷한 길이로 썰고, 고추는 어슷 썰어 씨를 털어내고,

2 닭가슴살은 체에 밭쳐 물기를 빼고,

3 양념장을 섞고,

4 양념장에 닭가슴살과 채소를 넣고 버무려 마무리.

평범한 비빔면은 가라
닭고기비빔쌀국수

2인분

필수 재료 쌀국수(2줌=150g), 샐러드채소(1줌),
고추드레싱 재료 풋고추(1개), 붉은 고추(1개), 설탕(1.5), 간장(4), 식초(2), 다진 마늘(1), 참기름(1), 포도씨유(1), 부순 참깨(0.5)
선택 재료 통조림 닭가슴살 또는 삶은 닭가슴살(1캔=1쪽=120g)

❶ 쌀국수는 찬물에 30분 정도 담가 두었다가 끓는 물에 투명해질 때까지 데쳐 찬물에 헹궈 물기를 빼고,
❷ 닭가슴살은 결대로 찢어 준비하고,
❸ 고추를 제외한 고추드레싱 재료를 설탕이 녹을 정도로 저어 섞고, 고추를 넣고 섞어 향이 잘 우러나도록 냉장실에 잠시 두고,
❹ 쌀국수와 닭가슴살을 드레싱에 버무린 뒤 채소를 넣고 한 번 더 버무려 마무리.

짜지 않은 건강한 김밥
닭가슴살취나물김밥

먹고 나서도 물을 찾지 않는 담백한 취나물김밥이에요. 부드러운 닭가슴살과 향 좋은 취나물, 아삭한 파프리카가 만나 식감도 맛도 잘 어우러지네요. 소풍 가는 날 도시락 메뉴로 챙겨보세요.

2인분

필수 재료
닭가슴살(1쪽), 취나물(2줌),
밥(2공기), 김밥용 김(3장)
Tip > 김밥에 들어가는 밥은
고슬하게 지으세요.

선택 재료
두 가지 색 파프리카(½개씩)

취나물 밑간
소금(0.1), 참기름(1),
참깨(0.3)

밥 밑간
소금(0.2), 참기름(2), 참깨(1)

양념
소금(약간), 간장(3), 맛술(1),
올리고당(1)

1

파프리카는 채 썰고,

2
냄비에 물을 붓고 끓어오르면 닭가슴살을 넣어 중간 불에서 익혀 건진 뒤 잘게 찢고,

젓가락으로 찔러 핏물이 나오지 않으면 다 익은 거예요.

3

취나물은 깨끗이 씻어 소금(약간)을 넣은 끓는 물에 삶아 찬물에 헹궈 물기를 짜 **취나물 밑간**으로 무치고,

취나물은 다른 나물보다 질겨요. 1분 30초~2분 정도 삶아주세요.

4
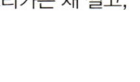
밥에 **밥 밑간**을 넣어 섞고,

5

팬에 간장, 맛술, 물(⅓컵)을 넣어 중간 불에서 끓어오르면 닭가슴살을 물기 없이 조린 뒤 올리고당을 넣고 센 불에서 뒤적여 꺼내고,

6

김밥 위에 김을 올리고 밥을 편 뒤 모든 재료를 올리고 돌돌 말아 먹기 좋은 크기로 썰어 마무리.

김의 거친 면이 위로 오도록 놓고 밥을 펴주세요. 빵칼을 사용하면 썰기 편해요.

통조림 닭가슴살

돌돌 갈아 한입에 베어 먹는
닭가슴살부리또

시판 토마토소스와 닭가슴살만으로 간단하고 색다른 간식을 만들었어요. 피자치즈를 듬뿍 넣었더니 쭈욱 늘어나는 치즈 맛에 아이들도 재밌게 잘 먹어요.

2인분

필수 재료
양파(½개), 닭가슴살(1쪽),
토르티야(2장),
시판 토마토소스(4),
슈레드 모차렐라치즈(1컵)

밑간
식용유(1), 다진 마늘(0.3)

양념
소금(약간), 후춧가루(약간)

1

양파는 얇게 채 썰고,

2

닭가슴살은 반으로 저며 **밑간**에 15분 정도 재우고,

3

달군 팬에 식용유(0.5)를 두르고 양파를 넣고 소금(약간), 후춧가루(약간)로 간하여 볶아 꺼내두고,

4

닭가슴살을 올려 중간 불에서 앞뒤로 노릇하게 굽고,

5

구운 닭가슴살을 길이대로 썰고,

170℃로 예열한 오븐에서 5분 정도 구워도 좋아요.

6

토르티야 위에 토마토소스, 슈레드 모차렐라치즈, 닭가슴살, 양파를 올려 돌돌 말고 전자레인지에서 치즈가 녹을 때까지 3분간 돌려 마무리.

쓱쓱 비벼 담백함을 한입에
참치샐러드비빔밥

불이 필요 없는 초간단 비빔밥이에요. 늘 집에 준비되어 있는
통조림 참치와 냉장고에 있는 갖가지 채소들만 있으면 완성!
칼로리가 높지 않아 다이어트식 한끼로도 추천할게요.

> 통조림 참치

1인분

필수 재료 통조림 참치(½캔=100g), 양파(¼개), 깻잎(3장), 상추(3장), 밥(1공기)
선택 재료 당근(⅒개)
양념 마요네즈(3), 후춧가루(약간), 초고추장(2)

1 통조림 참치는 체에 밭쳐 기름기를 빼고,

2 양파와 당근, 깻잎, 상추는 곱게 채 썰고,

3 통조림 참치에 마요네즈(3)와 후춧가루를 고루 섞고,

4 그릇에 밥(1공기)과 채소, 참치샐러드를 담고 초고추장(2)을 얹어 마무리.

고소함에 고소함을 더한
참치마요덮밥

2인분

필수 재료 참치(1캔=210g), 양파(⅓개), 밥(2공기), 마요네즈(약간)
선택 재료 달걀(3개), 돈가스소스(약간)

① 참치는 체에 밭쳐 기름을 빼고, 양파는 잘게 채 썰고,
② 달군 팬에 식용유(0.3)를 둘러 양파를 넣고 볶아 꺼내고,
③ 달걀을 풀어 휘저어 스크램블 에그를 만들고,
④ 접시에 밥→볶은 양파→스크램블 에그→참치 순으로 올린 뒤 마요네즈와 돈가스소스를 뿌려 마무리.
Tip > 마요네즈와 돈가스소스는 취향에 따라 양을 조절하세요.

part 3 145

노릇하게 지져 고소하게 즐기는
참치전

통조림 참치로 만든 전이에요.
기름에 노릇하게 지져 참치의 고소하고 담백함이 배가 되네요.
송송 썬 청양고추의 알싸함이 느끼함까지 싹 잡아 줘 자꾸만 집어 먹게 돼요.
아이들 밥반찬으로 술안주로도 그만이에요.

> 통조림 참치

········· 2인분 ·········

필수 재료 통조림 참치(1캔=210g), 양파(¼개), 밀가루(2), 달걀(2개)
선택 재료 당근(⅒개), 청양고추(1개)
양념 소금(약간), 맛술(1), 후춧가루(약간)

1 통조림 참치는 체에 밭쳐 기름기를 빼고,

2 양파와 당근은 3cm 길이로 곱게 채 썰고, 청양고추는 길게 반 갈라 송송 썰고,

3 볼에 참치와 채소, **양념**, 밀가루, 달걀을 섞어 반죽하고,

4 중간 불로 달군 팬에 식용유(2)를 두르고 반죽을 먹기 좋은 크기로 올려 앞뒤로 노릇하게 부쳐 마무리.

느끼하지 않은 맥주 안주
참치고추냉이크래커

4인분 **필수 재료** 통조림 참치(1캔=210g), 마요네즈(3), 고추냉이(1), 크래커(적당량)
Tip > 오이와 옥수수를 생략할 경우 참치 양을 늘려요.
선택 재료 오이(¼개), 통조림 옥수수(작은 것 ½캔), 후춧가루(약간)
Tip > 양파나 파프리카를 다져 넣어도 좋아요.

❶ 오이는 길게 4등분하여 물기가 많은 속씨는 도려낸 뒤 단단한 과육만 다지고,
❷ 볼에 참치를 넣고 으깬 뒤 옥수수, 다진 오이, 마요네즈, 고추냉이, 후춧가루를 넣어 버무리고,
Tip > 재료들을 볼 한쪽에 밀고 마요네즈, 고추냉이, 후춧가루를 먼저 섞은 뒤 전체적으로 버무려요.
❸ 크래커에 곁들여 마무리.

길거리표 토스트
참치달걀구이토스트

가끔 길거리에 파는 버터향 가득 나는 토스트가 생각날 때 있잖아요. 통조림 참치와 달걀을 섞어 담백하게 구운 다음 식빵에 달콤한 딸기잼을 발라 즐겨보세요. 두툼하게 부쳐 한 조각만 먹어도 든든하게 배를 채울 수 있어요. 재료와 과정 모두 간단해 아이들 간식이나 남편 아침식사로도 좋아요.

1인분

필수 재료
통조림 참치(1캔=100g),
양파(¼개), 피망(¼개),
달걀(2개), 식빵(2장)

선택 재료
당근(⅛개), 버터(2), 딸기잼(1)

양념
소금(0.1), 후춧가루(약간)

1
통조림 참치는 체에 밭쳐 기름을 빼고,

2
양파, 피망, 당근은 얇게 채 썰고,

3
달걀에 양념을 넣어 곱게 푼 뒤 참치, 양파, 피망, 당근을 섞고,

4
팬에 버터(1)를 녹인 뒤 약한 불에서 식빵을 노릇하게 굽고,
마른 팬에 구워도 좋아요.

5
같은 팬에 버터(1)를 녹인 뒤 반죽을 부어 중간 불에서 식빵 크기로 도톰하게 굽고,

6
식빵 한쪽 면에 딸기잼(1)을 바른 뒤 참치달걀구이를 얹고 식빵을 덮어 마무리.
케첩을 찍어 먹어도 좋아요.

동글동글 노란 귀요미
참치스카치에그

삶은 메추리알을 참치로 감싸 튀겼어요. 모양도 동글등글하고 크기도 작아 입에 쏙 들어가요. 겉은 바삭하고 속은 부드러워 한입 먹으면 손에서 놓질 않는답니다.

10개 분량

필수 재료
통조림 참치(1캔=150g),
삶은 메추리알(10개),
밀가루(⅓컵), 달걀(2개),
빵가루(1컵)
Tip > 달걀은 곱게 풀어 준비해요.

반죽 양념
녹말가루(2), 다진 대파(0.3),
소금(약간), 후춧가루(약간)

1

참치는 체에 받쳐 기름기를 제거한 뒤, **반죽 양념**을 섞고,

2

메추리알은 면포에 감싸 물기를 제거한 뒤 밀가루를 묻히고,

3

참치반죽으로 감싸 동그랗게 빚고,

4

밀가루 → 달걀물 → 빵가루 순으로 옷을 입히고,

5

180℃로 달군 식용유(2컵)에 노릇하게 튀겨 마무리.

> 케첩이나 허니머스터드를 곁들여도 좋아요.

> 나무젓가락을 넣어 2~3초 뒤 기포가 생기면 적당한 온도예요.

삼형제의 구수한 만남
콩가루인절미빙수

팥빙수 전문점의 인기 메뉴! 곱게 간 우유 얼음 위에 달콤한 팥, 고소한 콩가루와 인절미를 올린 기본에 충실한 팥빙수예요. 단순하고 익숙한 재료가 만들어내는 빙수의 가장 깊은 맛을 느낄 수 있어요. 입맛 따라 콩가루나 팥의 양을 조절하세요.

통조림 팥

······· 2인분 ·······

필수 재료 우유(2½컵=450㎖), 연유(2), 인절미(10조각), 통조림 단팥(1컵), 볶음콩가루(½컵)
Tip > 볶음콩가루는 대형마트에서 구입할 수 있어요.
선택 재료 아몬드(⅓컵)

아이스큐브가 없다면 지퍼백에 넣어 평평하게 얼려도 좋아요.

1 우유(2½컵)와 연유(2)를 섞어 아이스큐브에 담아 냉동실에서 6시간 정도 얼리고,

2 인절미는 한입 크기로 썰고, 아몬드는 굵게 다지고,

3 얼려둔 얼음을 냉동실에서 꺼내 밀대로 두들겨 잘게 부수고,

4 그릇에 잘게 부순 얼음과 단팥을 올리고,

기호에 따라 연유를 곁들여도 좋아요.

5 볶음콩가루와 아몬드를 뿌리고 인절미를 올려 마무리.

사계절 언제 먹어도 맛있어요
팥죽

단팥죽으로 속을 따뜻하게 달래주세요. 빙수팥을 활용하면
팥을 따로 불리고 삶을 필요 없이 만들기도 간단하답니다.
남은 빙수떡, 견과류까지 정갈하게 올려 모양도 예뻐요.

필수 재료 통조림 단팥(1컵), 찹쌀가루(3)
선택 재료 계핏가루(약간), 빙수떡(적당량), 견과류(2)

2인분

씹는 맛을 원한다면 갈지 말고 사용하세요.

1 믹서에 단팥(1컵)과 물(1½컵), 찹쌀가루(3)를 넣고 곱게 갈아 체에 거르고,

2 냄비에 옮겨 중간 불에서 농도가 걸쭉해질 때까지 끓이고,

냄비 바닥에 눌어붙지 않도록 주걱으로 저어가며 끓여요.

3 그릇에 팥죽을 담고 계핏가루와 빙수떡, 견과류를 얹어 마무리.

추억의 그 맛 그대로
팥아이스크림

4개 분량 **필수 재료** 통조림 단팥(½컵+3) 우유(1½컵)

① 믹서에 단팥(½컵)과 우유를 곱게 갈고,
② 남겨둔 단팥(3)을 섞고,
③ 아이스바 틀에 부어 막대를 꽂은 뒤 냉동실에 반나절 정도 얼려 마무리.

도라야끼

한입 베어 볼면 달콤함이 가득

도라에몽이 사랑하는 간식인 도라야끼를 이밥차 스타일로 만들었어요. 핫케이크 사이에 통조림 단팥을 졸여 만든 앙금을 도톰하게 넣어주면 포실포실하면서 촉촉한 도라야끼가 완성돼요. 앙금에 다진 호두를 듬뿍 넣어 씹는 맛까지 더했어요. 완성 후 하나씩 포장해 상자에 담으면 정성 가득한 선물이 돼요.

4인분

필수 재료
통조림 단팥(1½컵),
달걀(1개), 우유(⅔컵),
핫케이크가루(2컵=200g)

선택 재료
호두(½컵)

1

넓은 팬에 얇게 펼쳐가며 볶으면 더 쉽게 앙금을 만들 수 있어요.

단팥은 마른 팬에 주걱으로 으깨가며 센 불에서 볶다가 팬 바닥에 눌어붙기 시작하면 중간 불로 줄여 3~5분 정도 더 볶아 팥앙금을 만들고,

물기를 날리며 계속 저어주세요!

2

호두는 굵게 다져 팥앙금과 섞고,

3

달걀과 우유를 섞은 뒤 핫케이크가루를 넣어 마른 가루가 없도록 저어 섞고,

4

짤주머니로 반죽을 짜면 원형으로 만들기 쉬워요. 짤주머니 대신 숟가락을 사용해도 좋아요.

약한 불로 달군 팬에 식용유(1)를 둘러 키친타월로 닦아낸 뒤 반죽을 올리고,

5

바닥면이 익어 노릇한 색이 나고 표면에 기포가 생기면 뒤집어 반대쪽 면도 노릇하게 구워 꺼내고,

6

핫케이크를 한 김 식힌 뒤 한쪽 면에 호두팥앙금을 얹고 다른 핫케이크로 덮어 마무리.

통조림 팥

한입 베어 물면 달콤함이 듬뿍
팥인절미춘권피말이

평상시에 먹던 춘권을 상상하셨다면
이번에는 조금 색다르게!
당면과 채소 다신 단팥을 넣은 춘권말이에요.
간단하지만 이색적인 메뉴이니
꼭 도전해보세요.

8개 분량

필수 재료
통조림 단팥(1컵),
춘권피(8장),
인절미(16개=200g)

1

단팥은 체에 밭쳐
물기를 빼고,

2
춘권피는 마름모꼴로 놓고 가운데에
단팥과 인절미를 올리고,

3
춘권피의 가장자리에
물과 밀가루를 3:1로 섞은
밀가루물이나 달걀물을
발라주면 튀기는 동안
풀리지 않아요.

춘권피의 아랫부분을 위로
접어 올린 뒤 양옆을 가운데로
접어 돌돌 말고,

4

춘권피의
매듭부분이
먼저 바닥에
닿도록 올려
구워요.

중간 불로 달군 판에
식용유(3)을 두르고
춘권피말이를 노릇하게
구워 마무리.

완성된 춘권말이에
녹차 아이스크림을
곁들이면 더욱 맛있어요.

맥주 한캔 필수요

골뱅이파무침

국민안주하면 딱! 골뱅이무침이에요.
기본 메뉴답게 한번 배워두면 갑작스럽게 찾아온 손님상에,
나홀로 술상 등 어디에나 활용하기 좋아요.
골뱅이의 쫄깃한 식감과 매콤한 양념, 아삭한 채소들이 한 접시 가득.
소면까지 곁들여 야무지게 다 드세요.

> 통조림 골뱅이

········· 1인분 ·········

필수 재료 통조림 골뱅이(1캔=140g), 쪽파(3대), 오이(¼개)
선택 재료 당근(⅛개)
양념 초고추장(5), 참깨(0.2)

1 골뱅이는 체에 밭쳐 물기를 빼고,

2 쪽파는 4cm 길이로 썰고, 당근과 오이는 반 갈라 어슷하게 납작 썰고,

3 골뱅이를 초고추장(2)에 버무리고,

4 채소와 초고추장(3)을 넣어 한 번 더 버무리고 참깨를 뿌려 마무리.

막걸리와 함께 깊어가는 밤

골뱅이묵상추무침

4인분

필수 재료 쌈채소(1줌), 도토리묵(1モ), 통조림 골뱅이(1캔=400g), 쌈장(1.5), 초고추장(3)
선택 재료 오이(⅓개), 부순 참깨(1) 참기름(1)

❶ 쌈채소는 한입 크기로 자르고, 오이는 길게 반 갈라 어슷 썰고, 도토리묵은 납작하게 썰고,
Tip > 크기가 큰 골뱅이도 먹기 좋게 잘라요.

❷ 볼에 쌈장, 초고추장, 부순 참깨, 참기름을 섞고,
Tip > 간단하게 초고추장으로만 양념해도 돼요.

❸ 묵과 골뱅이를 양념장에 넣고 버무린 뒤 채소를 넣고 한 번 더 버무려 마무리.
Tip > 오이 대신 양파를 사용해도 좋고 생략 시 쌈채소 양을 늘려요.

후라이드 반, 골뱅이 반
치뱅튀김

치킨과 골뱅이무침은 누구나 좋아하는 조합이죠? 순살 닭고기를 사용하면 따로 손질할 필요도 없고 한입 크기라 집어 먹기도 편하답니다. 닭똥집처럼 쫄깃해서 자꾸만 손이 가는 골뱅이에 부추무침을 곁들여 느끼함도 잡았어요.

통조림 골뱅이

2인분

필수 재료 순살 닭고기(2~3쪽=250g), 영양부추(1줌=60g), 양파(½개), 통조림 골뱅이(1캔=230g)
Tip > 여기에서는 닭다릿살과 안심살을 섞어 사용했어요.
밑간 소금(0.1), 후춧가루(0.1), 다진 마늘(0.5)
튀김 반죽 튀김가루(2컵), 식용유(⅓컵), 다진 마늘(1), 빵가루(⅔컵)
양념장 고춧가루(1.5)+간장(0.7)+식초(1.5)+매실청(1)+참기름(1)+다진 마늘(0.3)+고추장(0.5)+참깨(0.5)
Tip > 매실청이 없다면 올리고당을 사용해도 돼요.

1 닭고기는 기름기를 제거한 뒤 한입 크기로 썰어 밑간에 버무려 15분간 두고,

2 영양부추는 양파와 같은 길이로 썰고, 양파는 곱게 채 썰고, 골뱅이는 물에 헹군 뒤 2등분하고,

※ 골뱅이의 비린내를 없애기 위해 한 번 헹궈 사용해요.

3 튀김가루(1컵), 물(1컵), 식용유(⅓컵), 다진 마늘(1)을 섞어 닭고기와 골뱅이를 넣어 버무리고,

※ 식용유를 넣으면 더욱 바삭한 튀김을 만들 수 있어요.

4 반죽에 버무린 닭고기와 골뱅이는 튀김가루(1컵)와 빵가루(⅔컵)를 섞어 묻히고,

5 180℃로 달군 식용유(3컵)에 넣어 노릇해질 때까지 튀기고,

※ 나무젓가락을 넣어 2~3초 뒤에 기포가 올라오면 적당한 온도예요.

6 영양부추와 양파를 양념장에 버무린 뒤 치킨튀김과 함께 담아 마무리.

※ 영양부추와 양파는 먹기 직전에 무쳐야 아삭해요.

동서양의 맛있는 만남
동남아풍 골뱅이 샐러드

느끼한 파스타가 입에 맞지 않는다면 상큼한 태국식 샐러드를 즐겨보세요. 레드와인과 화이트와인에 모두 잘 어울리는 백점짜리 안주예요. 골뱅이와 당면의 탱글탱글한 식감과 매콤새콤한 소스가 잘 어우러지네요. 과정도 간단하니 와인을 냉장고에 넣어두고 뚝딱 만들어보세요.

4인분

필수 재료
당면(1줌=80g), 샐러드 채소(2줌),
통조림 골뱅이(½캔=200g),
오이(¼개), 양파(⅙개),
파프리카(½개)
Tip > 당면 대신 얇은 쌀국수를 사용해도 좋아요.

선택 재료
방울토마토(2개)

드레싱
설탕(3)+레몬즙(4)+간장(3)+
다진 마늘(0.3)+다진
붉은고추(2)+
멸치액젓(1)+고추기름(0.5)

1

드레싱은 섞어 냉장실에 넣어두고, 당면은 찬물에 30분 정도 불리고,

2

샐러드 채소는 씻어 한입 크기로 뜯은 뒤 물기를 빼고,

3

골뱅이는 물에 가볍게 헹구고 체에 밭쳐 물기를 뺀 뒤 먹기 좋게 반 가르고,

4

오이와 양파, 파프리카는 채 썰고, 방울토마토는 반 가르고,

5

불린 당면을 끓는 물에 부드러워질 때까지 삶고 찬물에 헹궈 먹기 좋게 자르고, 모든 재료를 드레싱과 버무려 마무리.

해물파전은 가라
골뱅이파전

막걸리에 해물파전만 먹던 시대는 갔어요!
손 많이 가는 해물 손질 대신 간편한
통조림 골뱅이로 해결하세요.
탱글탱글한 식감이 살아 있는 골뱅이 맛을
한 번 보면 더 이상 해물파전 생각 안날 걸요?

2인분

필수 재료 쪽파(5대),
양파(¼개),
통조림 골뱅이(작은 것
1캔=140g), 부침가루(1컵)

선택 재료 홍고추(½개),
청양고추(1개)

1

쪽파는 6cm 길이로 썰고,
양파는 채 썰고,
고추는 어슷 썰고,

2

골뱅이는 체에 밭쳐
물기를 빼고,

3

볼에 부침가루(1컵)와
물(⅔컵)을 섞고 골뱅이와
채소를 넣어 가볍게 버무리고,

4

중간 불로 달군 팬에
식용유(2)를 두른 뒤 반죽을
올려 앞뒤로 노릇하게 부쳐
마무리.

짭조름한 밥도둑
꽁치간장조림

일본가정식스타일의 꽁치 요리예요.
따로 손질이 필요 없는 통조림 꽁치로 만들 수 있어 간편해요.
달콤 짭조름한 간장 조림장을 곁들이면 이만한 밥도둑이 또 없어요.
쌀밥에 고소한 꽁치 살점 하나 올려 한입 가득 즐겨보세요.

통조림 꽁치

·· 3인분 ··

필수 재료 마늘(3쪽), 꽈리고추(1줌), 양파(½개), 통조림 꽁치(1캔=400g)
조림장 설탕(1)+간장(2.5)+물(5)+맛술(1)+청주(1)+다진 마늘(0.5)+다진 생강(0.3)+물엿(1)+후춧가루(0.1)

1 마늘은 납작 썰고, 꽈리고추는 꼭지를 떼고, 양파는 채 썰고,

2 꽁치는 체에 밭쳐 물기를 빼고,

3 팬에 **조림장**을 부어 중간 불에서 바글바글 끓으면 꽁치와 마늘을 조리고,

4 다시 바글바글 끓으면 양파, 꽈리고추를 넣고 물기 없이 조려 마무리.

통조림 꽁치요리의 정석

꽁치무조림

2인분

필수 재료 무(1토막=150g), 양파(1개), 통조림 꽁치(1캔=400g)
조림장 설탕(1)+고춧가루(3)+간장(3.5)+맛술(1)+청주(1)+다진 마늘(0.7)+다진 생강(0.3)+물엿(2)+고추장(0.5)+후춧가루(0.1)+다시마물(½컵)
Tip > 다시마물은 물(½컵)에 다시마(1장=5×5cm)를 10분간 담가 우려 준비하세요.

① 무는 납작 썰어 4등분하고, 양파는 6등분하고,
② 꽁치는 체에 밭쳐 물기를 빼고,
③ 냄비에 조림장과 무를 넣어 중간 불로 끓이고,
④ 무가 투명해지기 시작하면 꽁치와 양파를 넣고 양파가 투명해질 때까지 조려 마무리.

일본식 꽁맥타임!
꽁치난반즈케

난반즈케는 생선이나 채소를 초간장에 절인 일본 요리인데요.
이밥차에서는 통조림 꽁치로 쉽고 간단하게 바꿨어요.
꽁치를 튀기니 비린내 없이 고소함만 가득!
초간장에 촉촉하게 적셔 아삭한 채소까지 곁들이면 느끼할 틈이 없답니다.

> 통조림 꽁치

······················· 3인분 ·······················

필수 재료 통조림 꽁치(1캔=400g), 양파(¼개), 양배추(3장), 튀김가루(½컵), 달걀(1개)
선택 재료 부추(⅓줌)
절임소스 설탕(2)+물(7)+간장(6)+식초(4)+맛술(2)

1 꽁치는 체에 밭쳐 물기를 빼고, 양파와 양배추는 얇게 채 썰고, 부추는 5cm 길이로 썰고,

2 절임소스는 설탕이 녹을 때까지 섞은 뒤 손질한 채소를 넣어 냉장실에서 15분간 숙성시키고,

3 비닐백에 꽁치와 튀김가루(½컵)를 넣고 흔들어 섞은 뒤 곱게 푼 달걀물을 입히고,

4 팬에 식용유를 자작하게 부어 중간 불에서 꽁치를 노릇하게 튀기 듯 구운 뒤 키친타월에 밭쳐 기름기를 빼고,

5 접시에 구운 꽁치와 절인 채소를 담고 남은 소스를 꽁치 위에 부어 마무리.

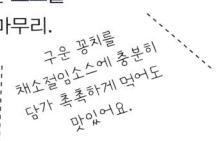

구운 꽁치를 채소절임소스에 충분히 담가 촉촉하게 먹어도 맛있어요.

생각보다 잘 어울려요
꽁치소시지김치찌개

꽁치와 프랑크소시지, 수제비가 듬뿍 들어간 김치찌개예요. 모든 재료를 김치와 함께 바글바글 끓이면 맛만 좋은 게 아니라 골라 먹는 재미까지 있답니다.

4인분

필수 재료
묵은지(¼포기=350g),
양파(¼개), 프랑크소시지(3개),
김칫국물(½컵), 통조림
꽁치(1캔=280g), 밀가루(½컵)
Tip > 찌개용 통조림 꽁치를 사용할 경우 국물까지 모두 넣어주세요.

양념
고춧가루(1.5), 다진 마늘(0.3)

1

묵은지는 적당한 크기로 썰고, 양파는 굵게 채 썰고, 소시지는 어슷 썰고,

2

냄비에 식용유(1)를 두르고, 묵은지를 넣어 중간 불에서 3분 정도 볶고,

3

물(3½컵)과 김칫국물(½컵), 통조림 꽁치를 넣어 센 불로 끓이고,

4

국물이 끓어오르면 중간 불로 줄인 뒤 양파와 소시지, 고춧가루(1.5)를 넣어 7분 정도 더 끓이고,

5

밀가루(½컵)에 물(⅓컵)을 섞어 수제비 반죽을 만들고,

6

숟가락으로 반죽을 떠 넣고 다진 마늘(0.3)을 넣은 뒤 반죽이 익을 때까지 끓여 마무리.

반죽이 떠오르면 다 익은 거예요.

매콤하게 속 푸는
꽁치김치찜

가끔 매콤함이 당기는 날이 있죠.
이럴 때 딱 먹기 좋은 요리예요. 김치에 꽁치 넣고 푹 끓인 매콤한 김치찜을 즐겨보세요.
만들기도 라면만큼 쉽답니다.

4인분

필수 재료
묵은 배추김치(¼포기=700g),
통조림 꽁치(1캔=400g),
김칫국물(½컵)

육수 재료
국물용 멸치(6마리),
다시마(1쪽), 물(4컵)

양념
설탕(약간), 후춧가루(약간)

1

멸치의 내장을 빼면 쓴맛이 우러나지 않아 맛이 깔끔해요.

냄비에 물(4컵)과 국물용 멸치, 다시마를 넣고 물이 끓으면 다시마는 건지고 10분간 더 끓여 육수를 내고,

2

뿌리를 자르고 쭉쭉 찢어요.

김치는 먹기 좋게 가르고,

3

통조림 꽁치는 체에 밭쳐 물기를 빼고,

4

냄비에 김치와 꽁치, 육수(3컵), 김칫국물(½컵)을 넣어 중약불에서 20분 정도 끓이고,

먹어보고 김칫국물로 간을 조절하세요.

5

김치가 투명해지면 설탕, 후춧가루를 넣고 약한 불에서 한 번 더 끓여 마무리.

한끼 식사로도 손색없는
돈가스샐러드

채소 싫어하는 아이들도 좋아라하는 메뉴예요.
돈가스의 느끼함을 샐러드가 확 잡아주니 이보다 더 좋은 궁합이 없네요.
새콤달콤한 드레싱까지 어우러지니 어느새 한 접시 클리어!
아이들 간식으로, 맛있는 한끼로 만들어보세요.

> 냉동돈가스 & 너겟

·········· 2인분 ··········

필수 재료 양파(¼개), 방울토마토(5개), 냉동 돈가스(2쪽), 샐러드채소(2줌)
선택 재료 당근(⅛개)
소스 송송 썬 청·홍고추(½개씩)+설탕(1)+간장(1.5)+
식초(1.5)+포도씨유(1)+고추기름(0.5)+부순 참깨(0.5)

1 양파는 곱게 채 썰어 찬물에 담갔다 건지고,

2 당근은 채 썰고, 방울토마토는 반으로 썰고,

식용유에 젓가락을 담가 3~4초 뒤 기포가 생기면 적당한 온도예요.

3 170℃로 달군 식용유(2컵)에 돈가스를 튀겨 먹기 좋게 썰고,

4 그릇에 채소, 토마토, 돈가스를 올리고 **소스**를 곁들여 마무리.

매콤달콤한 피카츄의 추억

돈가스꼬치

2인분

필수 재료 미니 돈가스(12개)
양념 고추장(0.5), 케첩(1.5), 올리고당(1.5)
선택 재료 검은깨(약간)

❶ 180℃로 예열한 식용유(2컵)에 미니 돈가스를 튀겨 건지고,
❷ 튀긴 돈가스를 꼬치에 꽂고,
❸ 팬에 양념과 물(3)을 섞어 넣고 걸쭉해질 때까지 약한 불에서 졸이고,
❹ 튀긴 돈가스꼬치에 양념장을 바른 뒤 검은깨를 뿌려 마무리.

브런치가 별건가
돈가스 샐러드 토스트

토스트 냉동 돈가스 한 봉지 사다 놓고 반찬으로 먹다 보면 지겨울 때가 있잖아요. 그럴 때 식빵에 돈가스 구워 얹고 새콤하게 무친 파프리카와 양파를 잔뜩 올려 토스트해보세요. 맛은 상큼, 속은 든든하답니다.

> 냉동돈가스 & 너겟

1인분

필수 재료 청·홍파프리카(½개씩), 식빵(2장), 냉동 돈가스(1쪽), 시판 돈가스소스(1.5), 마요네즈(1)
선택 재료 양파(¼개)
드레싱 식초(0.7)+꿀(0.5)+올리브유(0.5)

1 파프리카와 양파는 곱게 채 썰어 드레싱에 버무리고,

> 영양부추를 사용해도 좋아요. 양파는 찬물에 헹궈 매운맛을 제거한 뒤 사용하세요.

2 마른 팬에 식빵은 앞뒤로 노릇하게 굽고,

> 버터(0.5)를 녹여 빵을 구우면 더 고소해요.

3 식용유를 자작하게 두른 뒤 돈가스를 올려 앞뒤로 노릇하게 구워 꺼내고,

4 식빵(1장) 한쪽 면에는 돈가스소스를 바르고, 남은 식빵 한쪽 면에는 마요네즈를 바르고,

> 돈가스소스 대신 케첩이나 토마토소스, 스테이크소스, 데리야키소스 등 다양하게 사용할 수 있어요.

5 돈가스소스 바른 식빵에 돈가스, 파프리카샐러드 순서로 올린 뒤 마요네즈를 바른 식빵으로 덮고 지그시 눌러 마무리.

> 먹기 좋게 썰어도 좋아요.

싫어하는 사람 있나요?
닭강정

남녀노소 누구나 좋아하는 닭요리를
소개할게요. 왠지 해먹기 부담스러운 메뉴라
생각한다면 이제 편견을 버리세요.
시중에서 쉽게 구할 수 있는 냉동 치킨
너겟으로 초간단 닭강정을 만들었어요.
닭강정의 맛을 한층 더 업그레이드 시킨
매콤달콤 양념장 만들기도 배워가세요.

2인분

필수 재료 양파(¼개),
청·홍고추(1개씩),
치킨너겟(4컵)

양념장 설탕(1)+간장(2)+
맛술(1.5)+다진 마늘(1)+
물엿(2)+고추장(1.5)+
고추기름(1)+참기름(0.5)+
부순 참깨(0.7)+후춧가루(약간)

1

양파는 굵게 다지고,
고추는 송송 썰고,

2

양념장을 고루 섞고,

3

식용유(2)를 두른 팬에
치킨너겟을 올려 노릇하게
구워 꺼내고,

4

같은 팬에 다진 양파를
볶아 투명해지기 시작하면
고추와 양념장을 붓고,

5

끓어오르면 치킨너겟을
넣고 재빨리 버무려
마무리.

다진 땅콩이나
해바라기씨
등의 견과류를
뿌려도 좋아요.

양념치킨 부럽지 않은
매콤깐풍돈가스

반찬 없을 때 먹으려고 잔뜩 사다놓은
미니 냉동돈가스. 매번 튀겨 먹는 게 지겹다면
달콤한 깐풍기소스에 돈가스를 볶아보세요.
치킨너겟처럼 씹는 재미도 살아 있고,
양념치킨처럼 달콤함이 최고네요.
미니 돈가스는 금방 익기 때문에
튀기지 않고 구워주세요.

2인분

필수 재료
양파(⅓개),
미니 냉동돈가스(2컵=20개)

선택 재료
붉은 고추(1개), 양상추(1½줌)

양념
고추기름(1)

양념장
식초(1)+간장(1.5)+물(¼컵)+
다진 마늘(0.5)+케첩(3)+
고추장(0.7)+물엿(2)+
후춧가루(약간)

1

고추씨는 제거하세요.

양파는 굵게 다지고,
붉은 고추는 작게 썰고,

2

양념장을 만들고,

3

구운 돈가스는 키친타월에 올려 기름기를 제거하세요.

달군 팬에 식용유를
자작하게 두른 뒤 돈가스를
구워 건지고,

4

팬에 고추기름(1)을 두른 뒤
다진 양파를 넣어
중간 불로 볶아
반투명해지면 붉은 고추와
양념장을 넣어 끓이고,

5

끓어오르면 돈가스를 넣어
버무린 뒤 불을 끄고,

6

양상추를 한입 크기로
뜯어 그릇에 담고
깐풍돈가스를 올려
마무리.

다진 견과류를 뿌려도 좋아요.

매콤함이 느끼함을 잡았을 때
비빔만두

평범한 튀김만두에 채소를 듬뿍 곁들였어요.
덕분에 다소 느끼할 수 있는 만두의 맛이 한결 더 산뜻해졌어요.
여기에 비밀 무기, 매콤달콤 양념장까지 뿌려볼까요?
아삭한 채소와 바삭한 튀김 만두 그리고 입맛을 확 돌게 하는 양념의
조화가 일품이에요. 만들기도 쉽고 술안주나 가벼운 간식으로 딱 이네요!

냉동 만두

2인분

필수 재료 양배추(3장), 오이(⅓개), 냉동 물만두(20개)
선택 재료 상추(3장), 깻잎(4장), 당근(⅛개)
양념장 설탕(0.5)+고춧가루(0.5)+간장(1)+식초(2)+
다진 마늘(0.3)+올리고당(2)+고추장(1)+참기름(0.5)+부순 흑깨(0.5)

1 **양념장**을 만들고,

2 채소는 곱게 채 썰고,

3 식용유(2)를 두른 팬에 만두를 노릇하게 굽고,

4 그릇에 채소와 만두를 담고 양념장을 뿌려 마무리.

맛집 만두처럼 촉촉한
고추간장군만두

2인분

필수 재료 구이용 냉동 만두(8개)
고추간장 간장(2)+식초(1.5)+물(1)+설탕(0.5)+다진 풋고추(1개 분량)+다진 붉은 고추(1개 분량)+참기름(0.2)
Tip > 고추는 꼭지를 떼고 길게 반 갈라 씨를 가볍게 털어낸 뒤 다져요.

❶ 중간 불로 달군 팬에 식용유(1)를 두른 두 군만두를 넣어 2분 정도 익히고,
❷ 만두 겉면이 노릇해지기 시작하면 물(1/4컵)을 붓고 재빨리 뚜껑을 덮어 물기가 없어질 때까지 구워 속까지 익히고,
❸ 뚜껑을 열고 식용유(1)를 더 두른 뒤 고루 뒤집어가며 노릇해지도록 더 굽고 고추간장을 끼얹어 마무리.
Tip > 고추간장은 간장, 식초, 물, 설탕을 넣어 설탕이 녹을때까지 고루 적어 섞은 뒤 고추와 참기름을 넣어 섞어요.

부먹 찍먹 어떻게 먹어도 맛있는
만두탕수

냉동실에 처박혀 있는 냉동만두.
그냥 쪄먹거나 튀기기만 했다면 이제는 탕수육 스타일로 새롭게 즐겨보세요.
남녀노소 누구나 좋아하는 달콤한 탕수 소스를 곁들여 폼 나는 중식 요리로
탄생했어요. 반은 부어서, 반은 찍어서 부먹파, 찍먹파 모두 사이좋게 즐겨보세요.

냉동 만두

2인분

필수 재료 양파(½개), 오이(¼개), 당근(⅛개), 냉동 물만두(19개)
소스 설탕(⅓컵)+식초(⅓컵)+간장(⅓컵)+물(1컵)
녹말물 녹말가루(1)+물(1.5)

걸쭉한 농도가 나면 불을 꺼요.

1 양파는 채 썰고, 오이와 당근은 반 갈라 어슷 썰고,

2 팬이 식용유(1)를 둘러 양파와 당근을 중간 불에서 볶다가 오이와 **소스**를 넣어 끓어오르면 녹말물을 넣어 끓이고,

3 식용유(2)를 두른 팬에 만두를 올려 노릇하게 구워 꺼내고,

4 그릇에 만두를 담은 뒤 소스를 부어 마무리.

잠못 이루는 당신을 위한
만두그라탱

2인분

필수 재료 냉동 물만두(3컵=240g), 케첩(4), 슈레드 모차렐라치즈(⅔컵=100g)
선택 재료 파슬리가루(약간)

❶ 물만두는 전자레인지에 2분간 돌려 익힌 뒤 숟가락으로 대충 으깨고,
Tip > 왕만두나 김치만두 등을 사용해도 좋아요.
❷ 케첩(2)을 넣고 섞어 그릇에 담고,
❸ 슈레드 모차렐라치즈를 뿌려 전자레인지에 3분간 돌리고,
Tip > 180°C로 예열한 오븐에 15분 정도 구워도 좋아요.
❹ 케첩(2)과 파슬리가루를 뿌려 마무리.

part 3 177

냉동고 속 잠든 물만두를 깨우는
청경채물만두볶음

멸치볶음, 감자조림 등 한식풍 밑반찬이 지겨울 때 간단하게 만들 수 있는 중식 스타일의 밑반찬이에요. 향신채소를 볶아 풍미를 살리고 굴소스로 감칠맛을 더했어요. 몰캉몰캉한 만두와 아삭한 청경채의 궁합도 좋답니다. 오래 볶으면 청경채의 숨이 죽으니 빠르게 볶아내세요.

2인분

필수 재료
청경채(2포기), 마른 고추(1개),
양파(⅓개), 냉동 물만두(20개)

선택 재료
마늘(1쪽)

양념
다진 생강(0.2), 굴소스(1)

1

청경채는 밑동을 자른 뒤 한 잎씩 떼고, 마른 고추는 어슷 썰고,

2

마늘은 납작 썰고, 양파는 채 썰고,

3

끓는 물에 물만두를 3분 정도 삶고,

4

만두를 찬물에 헹궈 체에 밭치고,

만두피의 전분질을 씻어내야 서로 들러붙지 않아요.

5

팬에 식용유(2)를 두르고 마른 고추와 마늘, 다진 생강, 양파를 넣어 중간 불에서 볶고,

식용유 대신 고추기름(2)으로 매콤한 풍미를 더해도 좋아요.

6

양파가 투명해지면 청경채와 물만두, 굴소스(1), 물(⅓컵)을 넣어 재빠르게 섞어 마무리.

녹말물(녹말+물1)을 넣어 걸쭉하게 만들어도 좋아요.

굴짬뽕만둣국

개운하고 얼큰하다

집에서 짬뽕을 끓인다는 게 상상이 안 간다고요? 이삽차 레시피라면 중국집 짬뽕 못지않게 얼큰한 맛을 낼 수 있어요. 고기 대신 굴을 넣어 깔끔하고 시원한 맛을 살렸어요.

3인분

필수 재료
굴(1⅓컵=200g), 양파(1개),
대파(12cm),
냉동 물만두(10개)

선택 재료
불린 목이버섯(3개),
애호박(½개)

육수 재료
국물용 멸치(10마리),
다시마(1장=10×10cm)

양념
고춧가루(2), 굴소스(0.5),
국간장(1), 다진 마늘(0.5),
소금(약간), 후춧가루(약간)

1
목이버섯은 물에 담가 부드러워질 때까지 20~30분간 불려 준비해요.

불린 목이버섯은 2~3등분하고, 굴은 소금물(소금1+물3컵)에 흔들어 씻은 뒤 체에 밭쳐 물기를 빼고,

2

양파와 대파는 비슷한 길이로 채 썰고, 애호박은 길게 반 가른 뒤 양파와 비슷한 길이로 납작 썰고,

3

국물용 멸치는 냄비에 볶아 사용하면 비린내가 날아가요.

냄비에 국물용 멸치와 물(6컵), 다시마를 넣고 10분간 끓여 건더기를 건지고,

4

다른 냄비에 식용유(2.5)를 두르고 중간 불에서 양파를 넣고 볶아 반투명해지면 호박과 고춧가루를 넣어 조금 더 볶고,

5

소금, 후춧가루로 간을 해주세요.

육수를 붓고 굴소스를 넣어 끓어오르면 물만두와 남은 재료, 국간장, 다진 마늘을 넣어 한 번 더 끓인 뒤 마무리.

근사한 지중해 요리
무사카

무사카. 처음 들어보는 분들 많으시죠?
무사카는 그리스를 포함한 지중해 동부지역과 발칸반도 지역의 전통 음식인데요.
그리스 음식 중 죽기 전에 꼭 먹어야 할 요리로 손꼽혀요.
채소를 기본으로 여기에 다진 쇠고기와 토마토소스로 맛을 냈어요.
화려함과 소박함이 공존하는 그리스의 맛을 집에서도 느껴보세요.

시판소스

2인분

필수 재료 양파(½개), 주키니호박(⅓개), 가지(1개), 다진 쇠고기(1컵),
시판 토마토소스(1컵), 슈레드 모차렐라치즈(½컵)
선택 재료 시판 크림소스(⅓컵)
양념 올리브유(1.5), 소금(0.2), 후춧가루(0.1)

1 양파, 호박, 가지는 둥글게 썰어 소금(0.2)을 뿌려 절인 뒤 물기를 닦고,

2 올리브유(1)를 두른 팬에 채소를 중간 불에서 앞뒤로 노릇하게 구워건지고,

3 팬에 올리브유(0.5)를 두르고 다진 쇠고기(1컵), 소금(약간), 후춧가루(0.1)를 볶아 익으면 토마토소스를 부어 2분간 끓이고,

4 오븐용기에 토마토소스, 채소, 크림소스를 번갈아 담고 슈레드 모차렐라치즈를 뿌려 200℃로 예열한 오븐에서 15분간 구워 마무리.

숟가락으로 푹 떠 먹으세요
두부김치그라탕

3인분

필수 재료 두부(⅔모=200g), 대파 7cm, 양파(⅓개), 김치(1컵), 통조림 참치(작은 것 1캔=100g), 슈레드 모차렐라치즈(⅔컵)
Tip > 참치기름(2)도 버리지 마세요. ❸에서 사용해요.
선택 재료 청양고추(1개), 시판 크림소스(3), 송송 썬 쪽파(약간)
양념 다진 마늘(0.5), 설탕(0.5), 참기름(0.3)

❶ 끓는 물(3컵)에 두부를 2~3분간 데친 뒤 납작 썰어 키친타월로 물기를 닦고,
❷ 대파와 고추는 송송 썰고, 양파는 굵게 다지고, 김치는 한입 크기로 자르고,
❸ 중간 불로 달군 팬에 참치기름(2), 대파, 양파, 다진 마늘을 넣어 2분간 볶고,
Tip > 참치기름으로 볶으면 더 고소해요.
❹ 김치, 참치, 설탕을 넣어 4분간 볶다가 청양고추와 참기름을 섞어 볶음김치를 만들고,
❺ 내열용기에 두부→볶음김치→크림소스→슈레드 모차렐라치즈 순으로 담고,
❻ 190℃로 예열한 오븐에 8~10분간 굽고 쪽파를 뿌려 마무리.
Tip > 전자레인지에 치즈가 녹을 때까지 돌려도 좋아요.

피자와 함박스테이크의 만남
이탈리안함박스테이크

데미글라스소스 대신 토마토소스와 슈레드 모차렐라치즈를 곁들여
함박스테이크와 피자를 함께 먹는 기분!
상큼하고 개운한 토마토소스를 자작하게 뿌리면
느끼한 음식 싫어하는 아빠 입맛에도 딱.
우유에 불린 식빵을 패티에 넣으면 식감이 더 부드럽답니다.
오랫동안 치대야 구울 때 부서지지 않아요.

3인분

필수 재료 다진 쇠고기(1컵=150g), 다진 돼지고기(¾컵=150g), 식빵(1½장), 우유(½컵)
선택 재료 버터(1), 프레시 모차렐라치즈(적당량)
Tip > 버터 대신 올리브유(1)를 사용해도 돼요.
Tip > 프레시 모차렐라치즈를 1cm 두께로 납작 썰어 3쪽 사용했어요.
양념 다진 마늘(0.7), 다진 생강(0.3), 허브가루(0.2), 파르메산 치즈가루(2), 소금(0.2), 후춧가루(0.1), 청주(1)
Tip > 허브가루와 파르메산 치즈가루는 생략해도 돼요.
소스 양파(½개), 양송이버섯(3개), 브로콜리(⅔컵), 토마토페이스트(1), 통조림 홀토마토(1캔 분량=410g), 설탕(0.7), 소금(0.1), 후춧가루(약간), 파르메산 치즈가루 2.5)

1 다진 쇠고기와 돼지고기는 키친타월에 밭쳐 핏물을 빼고, 식빵은 잘게 찢어 우유에 담가 불리고,

2 볼에 다진 고기와 양념을 넣어 버무린 뒤 불린 식빵을 넣어 5분 정도 치대 동글납작하게 빚고,

3 양파는 채 썰고, 양송이버섯은 납작하게 썰고, 브로콜리는 작게 등분하고,

4 팬에 버터(1)를 넣고, 양파를 볶다 토마토페이스트를 넣어 살짝 볶고, 으깬 홀토마토, 설탕을 넣어 끓이고,

버섯, 브로콜리, 후춧가루, 치즈가루를 넣어 한 번 더 끓여주세요.

패티는 뚜껑을 덮어 중약 불에 익혀야 속까지 익어요.

5 다른 팬에 식용유(1.5)를 두르고, 중간 불로 달군 팬에 패티를 올려 겉을 익히고, 소스를 부어 조리듯 끓이고,

6 함박스테이크 위에 모차렐라치즈를 얹어 살짝 녹으면 그릇에 담아 마무리.

파슬리가루를 뿌려도 좋아요.

청양고추로 화끈하게!
미트볼

아이들 간식으로만 생각했던 미트볼을
한입 안주로 업그레이드했어요.
미트볼 반죽에 청양고추를 더해 느끼함을 잡고
고소한 치즈가루로 풍미를 더했답니다.
상큼한 토마토소스에 미트볼을 얹고
꼬치를 꽂으니 파티요리처럼 근사하네요.

2인분

필수 재료
다진 쇠고기(⅔컵=100g),
다진 돼지고기(⅔컵=130g),
청주(2), 양파(¼개),
청양고추(2개), 식빵(1장),
우유(½컵)
Tip > 청양고추 대신 풋고추
또는 피망, 할라피뇨 등을
사용해도 좋아요.

선택 재료
시판 스파게티
토마토소스(⅔컵), 파르메산
치즈가루(0.5)

고기 양념
소금(0.3), 후춧가루(0.1),
파르메산 치즈가루(3), 다진
마늘(1)
Tip > 파르메산 치즈가루가
없다면 소금(약간)을 더 넣어
간해요.

1

다진 쇠고기와 돼지고기는
키친타월을 받친 뒤
청주(2)를 뿌려 핏물을 빼고,

2

양파와 청양고추는 곱게
다지고,

3

식빵은 잘게 찢어 우유에
불리고,

4

볼에 고기와 다진 양파,
고추, 불린 식빵, **고기
양념**을 넣고 충분히 치대
끈기가 생기면 먹기 좋은
크기로 동그랗게 빚고,

반죽이 질 경우
식빵을 조금 더
넣어요.

5

중간 불로 달군 팬에
식용유(1.5)를 두르고 미트볼을
굴려 겉을 익힌 뒤 중약 불로
줄여 속까지 익히고,

눌렀을 때 탱탱하고 꼬치로
찔러 핏물이 나오지 않을
때까지 익혀요.

6

토마토소스를 냄비에
바글바글 끓여 그릇에
담은 뒤 미트볼을 올리고
파르메산 치즈가루를
뿌려 마무리.

샐러드채소는
한입 크기로 뜯어
마요네즈에 버무려
곁들여요.

불금에 즐기기 딱 좋은 메뉴
타코라이스

멕시코요리가 오키나와에서 만들어지니 이런 맛이 탄생하네요! 타코에 들어가는 재료를 밥 위에 얹어 먹는 이색적인 메뉴예요. 입안에서 씹히는 식감이 살아 있어 한번 맛보면 자꾸만 생각이 나요. 만들기도 간단하고 특별한 느낌의 요리라서 손님 상에 내놓기에도 손색없네요.

1인분

필수 재료
양파(¼개), 양상추(1줌), 방울토마토(3개), 다진 쇠고기(⅔컵), 토마토소스(1컵), 슈레드 모차렐라치즈(⅓컵), 밥(1공기)
Tip > 쇠고기는 키친타월에 올려 핏물을 뺀 뒤 사용하세요.

선택 재료
청양고추(½개)

양념
다진 마늘(0.5), 소금(약간), 후춧가루(0.1)

1

양파와 양상추는 채 썰고, 방울토마토는 반으로 썰고, 청양고추는 송송 썰고,

2

센 불로 달군 팬에 식용유(1)를 두르고 다진 쇠고기와 **양념**을 넣어 볶고,

3

고기가 익으면 중간 불로 줄인 뒤 토마토소스와 토마토, 청양고추를 넣어 2분간 끓이고,

4

그릇에 밥을 담고 양상추와 쇠고기토마토소스를 붓고 슈레드 모차렐라치즈를 뿌려 마무리.

주말 아침이 기다려져요
팬케이크

외식으로 즐기는 브런치, 생각보다 너무 비싸 깜짝 놀란 경험 다들 있을 거예요.
브런치의 대표 메뉴, 팬케이크를 이제 집에서 즐겨보세요.
달걀과 우유, 핫케이크가루만 있다면 근사한 맛과 비주얼의 팬케이크를 만들 수 있어요.
스크램블 에그와 베이컨도 꼭 함께 곁들여 주세요. 그래야 브런치 느낌 제대로 나요.

핫케이크가루

······ 2인분 ······

필수 재료 달걀(3개), 우유(½컵), 핫케이크가루(2컵)
선택 재료 버터(1.5), 베이컨(2줄)

1 달걀(1개)에 우유를 곱게 푼 뒤 핫케이크가루를 섞고,

윗면에 기포가 전체적으로 생기면 뒤집어요.

2 버터(1)를 두른 팬을 중약 불로 달군 뒤 핫케이크반죽을 올려 약한 불로 앞뒤로 구워 꺼내고,

3 달걀(2개)은 곱게 풀어 버터(0.5)를 두른 팬에 볶아 스크램블에그를 만들고, 베이컨은 2등분해 마른 팬에 굽고,

4 토마토는 동그란 모양으로 썰어 샐러드채소, 팬케이크, 스크램블에그와 함께 담아 마무리.

샐러드 채소나 토마토 등을 곁들여도 좋아요.

아이스크림 하나로 한 접시 요리를!
원디시아이스크림

2인분 : **필수 재료** 달걀(1개), 우유(1컵), 핫케이크가루(1컵), 딸기아이스크림(3스쿱)

❶ 달걀과 우유를 섞고 핫케이크가루를 넣어 덩어리가 없도록 섞고,
❷ 약한 불로 예열한 프라이팬에 식용유(0.2)를 둘러 키친타월로 닦아내고,
❸ 반죽을 얇게 붓고 익혀 크레페를 만들고
Tip > 표면에 기포가 생기면 뒤집어요.
❹ 크레페를 접어서 접시에 담고 아이스크림을 얹어 마무리.
Tip > 과일조림이나 잼을 곁들이면 더 맛있어요.

part 3 187

부드럽게 달콤하게
바나나초코칩머핀

부드러운 머핀 안에 쏘옥 숨은 달콤한 바나나를 찾아보세요.
따뜻할 때 한입 베어 물면 초코칩의 쌉싸름함과 바나나향이 솔솔 나요.
여기에 커피나 우유까지 곁들이면 그야말로 천국행!
재료만 섞어서 머핀틀에 넣어 굽기만 하면 완성이니 정말 간단하지 않나요?

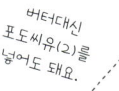

······················· 6개 분량 ·······················

필수 재료 달걀(2개), 우유(1⅓컵), 핫케이크가루(2컵), 바나나(1개) 초코칩(⅓컵), 아몬드 슬라이스(½컵), 녹인 버터(2)

버터대신 포도씨유(2)를 넣어도 돼요.

1 볼에 달걀과 우유를 곱게 푼 뒤 핫케이크가루를 섞어 반죽을 만들고,

2 반죽에 납작 썬 바나나와 초코칩, 아몬드 슬라이스, 녹인 버터(2)를 섞고,

나무꼬치로 찔러 젖은 반죽이 묻어나지 않으면 속까지 다 익은 거예요.

3 머핀틀에 유산지를 깔고 반죽을 80% 정도 채우고,

4 170℃로 예열한 오븐에 넣고 20~25분 간 구운 뒤 틀에서 꺼내 한김 식혀 마무리.

전자레인지로 쫀득하게 만드는
바나나티라미수

4개 분량

필수 재료 달걀(1개), 바나나우유(1컵), 핫케이크가루(2컵), 바나나(2개), 코코아파우더(¼컵)
커피시럽 커피가루(3)+뜨거운 둘(1컵)
크림 크림치즈(1통=200g), 설탕(⅓컵=50g), 레몬즙(1)
Tip > 크림치즈는 실온에 30분 정도 두세요.

❶ 볼에 달걀과 바나나우유를 넣어 고루 풀고,
❷ 핫케이크가루를 넣어 섞고,
❸ 전자레인지 용기에 담아 3분 30초간 돌려 익힌 뒤 한 김 식히고,
Tip > 전자레인지 사양에 따라 익는 시간은 차이 가 있으니 나무 꼬치로 찔러 반죽이 묻어나지 않을 정도로 익혀요.
Tip > 전용 뚜껑을 덮거나 랩을 씌워 구멍을 뚫어 익혀주세요
❹ 크림치즈는 실온에 30분 정도 두어 말랑해지면 설탕과 레몬즙, 커피시럽을 넣어 고루 섞어 짤주머니에 담고,
❺ 구운 핫케이크와 바나나는 한입 크기로 썰고,
❻ 컵에 핫케이크조각을 담고 나머지 커피시럽을 고루 뿌린 뒤 바나나와 크림 순으로 2번 반복해 올리고 코코아파우더를 그운체로 뿌려 마무리.

입가에 설탕 묻히면서 먹는
설탕핫도그

요즘은 특색 있는 길거리 음식에 밀려 옛날 핫도그는 눈에 잘 띄지 않네요. 밀가루 반죽 먼저 싹 발라 먹고 소시지의 참맛을 즐기던 친구, 케첩을 이중 삼중으로 뿌려 먹던 친구 등등 먹는 방법도 가지각색이었죠. 방금 튀겨 바삭한 핫도그에 설탕과 케첩을 마음껏 묻혀 즐겨보세요.

2인분

필수 재료
소시지(2개), 핫케이크가루(4),
빵가루(½컵)

선택 재료
설탕(적당량), 케첩(적당량)

반죽 재료
핫케이크가루(1컵), 우유(⅓컵),
달걀(½개)
Tip > 고루 섞어 준비해요.

1

소시지는 반으로 잘라 꼬지에 꽂고

2

반죽 재료를 모두 섞고, 소시지를 먼저 핫케이크믹스(4)에 골고루 묻힌 뒤, 반죽에 묻히고,

3

170℃로 예열한 식용유(4컵)에 반죽 묻힌 소시지를 튀겨 반죽이 노릇하게 익으면 건지고,

나무젓가락을 넣어 2~3초 뒤 기포가 올라오면 적당한 온도예요.

4

1차로 튀긴 핫도그는 반죽 → 빵가루 순서로 한 번 더 옷을 입혀 2차로 튀기고,

5

취향에 맞게 설탕을 묻히거나 케첩을 곁들여 마무리.

핫케이크가루

독일에서 온 나무 케이크
소프트롤케이크

촘촘한 케이크의 단면이 나이테와 닮은 독일의 케이크 바움쿠헨을 재현했어요. 반죽을 최대한 얇게 구워 겹겹이 말아 만드는 게 포인트. 한입에 쏙쏙 먹기 좋고 블루베리나 딸기잼을 곁들이니 카페 분위기 물씬 나네요.

지름 5.5cm×12개 분량

필수 재료
달걀(1개), 우유(1½컵), 핫케이크가루(2컵=220g), 젓가락(3개), 유산지(적당량)

1
볼에 달걀을 넣어 곱게 풀고, 우유와 핫케이크가루를 넣어 마른 가루가 보이지 않을 때까지 저어 섞고,

2
젓가락을 유산지로 감싸고,

유산지 대신 쿠킹포일을 사용해도 좋아요.

3
키친타월에 식용유(0.5)를 묻혀 약한 불로 달군 팬을 코팅하듯 닦은 뒤 핫케이크 반죽을 얇게 펴 올리고,

사각 지단팬을 활용하면 모양 잡기가 편해요.

4
반죽의 아랫부분이 익으면 뒤집어 익혀 꺼낸 뒤 젓가락을 올려 김밥 말듯이 돌돌 말고,

5
원하는 케이크 지름이 될 때까지 같은 방법으로 반죽을 구워 빵을 올려 다시 돌돌 말고,

팬 위에서 바로 말아가며 구워도 좋아요.

6
젓가락을 빼고 도톰하게 썰어 마무리.

잘게 썬 망고 과육과 설탕을 2:1 비율로 섞어 조린 망고조림을 곁들여도 좋아요.

유명 카페에서 먹던 그 맛
허니버터토스트

카페가면 늘 생각나는 1순위 디저트예요.
생각보다 만들기 쉬워 집에서도 도전하기 좋은 메뉴랍니다.
맛이 없을 수 없는 3가지 조합 버터, 꿀, 설탕으로 맛을 내
생각만 해도 그 달달함이 느껴지네요.
커피, 우유와의 조합은 두말할 것 없고 생크림이나 과일과 곁들여도 좋아요.

2인분

필수 재료 통식빵(1개=10×10×8cm), 버터(1.5), 꿀(3)
선택 재료 설탕(1)

1 통식빵은 2.5cm 간격으로 깊게 칼집을 넣고,

2 버터는 전자레인지에 돌려 반쯤 녹이고,

3 빵 윗면에 꿀을 뿌리고 칼집 사이사이에 버터를 얹은 뒤 설탕을 뿌리고,

4 180℃로 예열한 오븐에 넣고 7~10분간 노릇하게 구워 마무리.

평일 점심 엄마들의 디저트
통식빵잼토스트

2인분

필수 재료 크림치즈(5), 통식빵(1개=13×13×8cm), 과일잼(5)
선택 재료 다진 마늘(1), 소금(0.2), 후춧가루(약간), 파슬리가루(약간), 버터(1.5)

① 크림치즈에 다진 마늘, 소금, 후춧가루, 파슬리가루를 섞고,
② 통식빵은 2.5cm 간격으로 깊게 칼집을 넣고,
③ 칼집 사이사이에 과일잼과 크림치즈를 듬성듬성 채우고,
④ 버터를 식빵 표면에 얇게 고루 펴 바르고,
Tip > 버터는 상온에 30분 정도 두어 말랑하게 만들거나 전자레인지에 10초 정도 돌려 녹여도 좋아요.
⑤ 180℃로 예열한 오븐이나 토스트기에 넣고 10~13분 정도 노릇한 색이 날 때까지 구워 마무리.

밥 먹기 싫은 날
햄치즈프렌치토스트

간단한 아침 메뉴로 만들기 좋은 햄치즈프렌치토스트를 소개합니다.
슬라이스치즈와 햄 그리고 달콤한 딸기잼의 환상적인 하모니를 자랑해요.
달걀물에 충분히 적신 빵은 한층 더 촉촉하고 부드러워
자꾸만 먹어도 멈출 수가 없네요.

2인분

필수 재료 식빵(4장), 딸기잼(2), 슬라이스 치즈(2장), 슬라이스 햄(2장), 버터(2)
달걀물 재료 달걀(2개), 우유(½컵), 연유(3)

1 볼에 **달걀물**을 섞고,

2 식빵 한쪽 면에 각각 딸기잼(1)씩 바르고 치즈, 햄을 얹어 나머지 식빵으로 덮고,

3 달걀물에 담갔다 건진 뒤 버터를 녹인 팬에 올려 중약 불로 노릇하게 굽고,

4 먹기 좋게 반으로 썰어 마무리.

부드러움 속 기분 좋은 바삭함
코코넛프렌치토스트

2인분

필수 재료 통식빵(½개), 달걀(2개), 우유(1컵), 코코넛슬라이스(1컵)
Tip > 코코넛롱이라고도 불리는 코코넛슬라이스는 씹히는 식감과 은은한 단맛을 더해줘요. 베이킹샵, 대형마트, 인터넷 쇼핑몰에서 구매할 수 있어요.
양념 설탕(2)

1 통식빵을 도톰하게 썰고,
Tip > 집에 남아 있는 마른 빵을 사용해도 좋아요.
2 달걀과 우유, 설탕을 섞고,
3 식빵을 달걀물에 담가 적시고,
Tip > 식빵처럼 부드러운 빵은 달걀물에 오래 담가두면 찢어질 수 있어요.
4 식빵을 사선으로 세워 여분의 달걀물을 덜어낸 뒤 코코넛슬라이스를 고루 묻히고,
5 중간 불로 달군 팬에 식용유(3)를 두른 뒤 식빵을 노릇하게 구워 마무리.
Tip > 뚜껑을 덮고 구워야 촉촉하게 속까지 잘 익어요.

속 꽉 채워 배부른
클럽샌드위치

누구나 한 번쯤은 먹어본 샌드위치의 대명사, 클럽샌드위치. 바삭한 식빵 3장 사이사이 양상추, 토마토, 달걀, 베이컨, 체다치즈를 두툼하게 넣어 든든한 한끼 식사로 손색없어요. 속재료가 많은 만큼 썰기 전에 이쑤시개를 꽂아줘야 무너지지 않아요. 베이컨 대신에 햄이나 닭가슴살 등을 넣어도 맛있어요.

2인분

필수 재료
양상추(1줌), 토마토(1개),
식빵(6장), 달걀(2개),
베이컨(4줄)

선택 재료
버터(2), 슬라이스
체다치즈(2장)

소스
마요네즈(4)+머스터드소스(2)

1

소스를 만들고,

2

양상추는 물기를 제거해 빵 크기에 맞춰 잘라 겹겹이 얹어두고, 토마토는 0.7cm 두께로 썰고,

3

약한 불로 달군 팬에 버터를 넣어 녹기 시작하면 식빵을 얹어 앞뒤로 노릇하게 구워 꺼내고,

4

같은 팬에 식용유(1)를 두른 뒤 달걀과 베이컨을 구워 꺼내고,

중간에 들어갈 식빵은 양쪽면에 소스를 발라요.

5

구운 식빵 한쪽 면에 소스를 얇게 발라 치즈와 달걀 프라이를 올리고 소스를 바른 면이 닿게 식빵을 덮은 뒤 윗면에도 소스를 한 번 더 바르고,

6

양상추와 토마토, 베이컨 순으로 올리고 소스를 바른 면이 닿게 식빵을 덮어 지그시 누른 뒤 먹기 좋게 잘라 마무리.

유산지로 감싸거나 꼬치를 끼워 고정시킨 뒤 잘라야 무너지지 않아요.

비타민 듬뿍, 쫀득한 이 맛
식빵잼쿠키

식빵과 과일잼으로 간단히 만드는 쿠키예요.
파이처럼 바삭한 식빵과 쫀득한 잼 덕에 시판
과자보다 더 맛있어요. 정서 안정에 도움이 되
는 비타민도 섭취하고 달콤한 맛으로 아이들의
마음도 사로잡을 수 있어요.
완전히 식혀서 먹어야 바삭한 쿠키와 쫀득한
잼의 식감을 즐길 수 있어요.

8개 분량

필수 재료
땅콩(1), 식빵(6장), 잼(6)
Tip > 취향에 따라 다양한
과일맛의 잼을 준비해주세요.

1
땅콩은 마른 팬에 볶아 잘게
다지고,

2

유산지 대신
쿠킹포일을
사용해도 좋아요.

식빵은 밀대로 납작하게
밀고, 식빵(2장)에는
병뚜껑으로 구멍을 내고,

3

사각 지단팬을
활용하면 모양
잡기가 편해요.

구멍 내지 않은 식빵(4장)에
각각 과일잼(1)을 발라
2장씩 겹치고,

4

맨 위에 구멍 낸 식빵을
올려 지그시 누른 뒤 남은
딸기잼(2)을 구멍에 올리고,

다양한 컬러의 잼을
활용하면 예쁜 색의
쿠키를 만들 수 있어요.

5

식빵 가장자리를 자르고
4등분한 뒤 다진 땅콩을
뿌리고,

6

180℃로 예열한 오븐에
10분 정도 구운 뒤 완전히
식혀 마무리.

마른 팬에서 뚜껑을
덮고 약한 불로 15분간
구워도 좋아요.

아이들 인기간식
짜장떡볶이

매콤한 기본 떡볶이는 잠시 잊으세요.
달콤 짭조름한 짜장 소스로 맛을 낸 떡볶이를 소개할게요.
매운 거 잘 못 먹는 아이들에게 특히 좋고요.
색다른 떡볶이를 찾는 분들에게도 추천합니다.
매콤한 맛을 좋아한다면 청양고추와 고춧가루를 살짝 곁들여도 좋아요.

> 2인분

필수 재료 떡볶이떡(2컵), 양파(⅓개), 양배추(2장), 어묵(2장)
양념장 짜장가루(5)+다진 마늘(1)+올리고당(2)+고추장(1)+물(1½컵)

1 떡볶이떡은 물에 담가 불리고,

2 양파와 양배추는 채 썰고, 어묵은 한입 크기로 썰고,

3 팬에 **양념장**을 넣어 중간 불로 끓이다가 떡을 넣고,

4 떡이 말랑해지면 채소와 어묵을 넣어 간이 배도록 중약 불로 조려 마무리.

정말 맛있을까? 완전 맛있어!
짜장핫도그

4개 분량

필수 재료 단무지(4조각), 짜장라면(1봉지), 핫도그빵(4개)
선택 재료 청양고추(1½개)
양념 마요네즈(2.8)

❶ 청양고추는 씨를 제거해 곱게 다지고, 단무지도 곱게 다지고,
❷ 물을 넉넉히 끓여 면을 삶고 물을 조금만 남기고 따라낸 뒤 수프와 청양고추를 넣어 국물없이 조리고,
Tip > 취향에 따라 청양고추의 양을 조절하세요.
❸ 마른 팬에 핫도그빵을 데우고,
❹ 빵 안쪽에 마요네즈를 얇게 펴 바르고,
❺ 짜장라면과 다진 단무지를 올리고 지그시 눌러 마무리.
Tip > 취향에 따라 마요네즈를 뿌려도 좋아요.

매콤하게만 즐기셨나요?
짜장오삼불고기

평소 자주 먹었던 오삼불고기를 생각했다면 오산이에요.
매콤한 양념 대신 짜장 양념을 더해 만들었어요.
'잘 어울릴까?' 생각된다면 걱정은 No!
돼지고기와 오징어 그리고 짜장의 조화가 감칠맛을 부르네요.

2인분

필수 재료 양파(½개), 돼지고기 볶음용(100g), 오징어(1마리)
선택 재료 당근(⅛개), 쪽파(2대)
양념장 설탕(1)+고춧가루(1.5)+짜장가루(2)+간장(1.5)+청주(1)+
다진 마늘(1)+올리고당(1.5)+고추장(1.5)+후춧가루(0.1)

오징어는 내장과 눈, 입을 제거한 뒤 재빨리 씻어 물기를 제거해요.

1 양파는 채 썰고,
쪽파는 비슷한 길이로 썰고,
당근은 어슷 썰어 2등분하고,

2 돼지고기와 손질된 오징어는
먹기 좋게 썰고,

3 돼지고기와 오징어에
양념장을 넣어 버무리고,

4 중간 불로 달군 팬에 식용유(1)를
두르고 양념한 재료와 양파,
당근을 볶아 불을 끈 뒤 쪽파를
넣고 가볍게 섞어 마무리.

짜장가루 하나로 별미 탄생
짜장제육불고기

2인분

필수 재료 돼지고기 볶음용(200g), 양파(½개)
Tip > 돼지고기 대신 닭고기를 사용해도 좋아요.
선택 재료 쪽파(5대)
밑간 소금(0.1), 후춧가루(약간), 다진 생강(0.2), 청주(1)
양념장 고춧가루(0.5)+짜장가루(2)+간장(1)+고추장(1)+다진
마늘(1)+올리고당(2)+후춧가루(약간)

❶ 돼지고기는 칼등으로 두들긴 뒤 한입 크기로 썰어 밑간에 버무리고,
❷ 양파는 채 썰고, 쪽파는 5cm 길이로 썰고,
❸ **양념장**을 만들고,
❹ 볼에 밑간한 돼지고기와 양념장을 넣어 조물조물 무친 뒤 양파를
넣어 가볍게 버무리고,
❺ 식용유(1.5)를 두른 팬에 양념장에 버무른 돼지고기를 넣어
젓가락으로 풀어가며 중간 불로 볶고,
❻ 고기가 거의 다 익으면 쪽파를 넣어 살짝 더 볶아 마무리.

맛도 영양도 듬뿍

채소듬뿍짜장

채소를 듬뿍 넣은 짜장면이에요.
한끼 식사로는 두말 할 거 없이 좋고,
아이 간식이나 늦은밤 남편을 위한 야식으로도
추천해요. 엄마표 짜장면으로 영양과 사랑을
듬뿍 채워보세요.

4인분

필수 재료
양파(1개), 양송이버섯(6개),
브로콜리(1줌),
짜장가루(1봉지=4~5인분),
우동면(4봉지=800g)

선택 재료
감자(2개),
통조림 옥수수(½컵)

양념
소금(0.2)

녹말물
녹말가루(1)+물(1)

1

썬 감자는 물에 담가 갈변을 방지하세요.

껍질을 깐 감자와 양파는
한입 크기로 썰고,
양송이버섯은 납작하게 썰고,

2

브로콜리는 한입 크기로 썰어
끓는 물에 소금(0.2)을 넣고
데쳐 찬물에 헹구고,

3

통조림 옥수수는 체에 밭쳐
물기를 제거하고,

4

냄비에 식용유(2)를
두른 뒤 감자를 볶다가
반투명해지면 양파를 넣어
조금 더 볶고,

5

짜장가루를 물(4컵)에
풀어 부은 뒤 끓어오르면
양송이버섯과 브로콜리,
통조림 옥수수를 넣어 한 번
더 끓이고 녹말물을 넣어
걸쭉해지면 불을 끄고,

6

끓는 물에 우동면을 삶아
건진 뒤 그릇에 담고
짜장을 부어 마무리.

반찬에서 일품요리로
어묵짜장볶음

저렴해서 만민, 만들기 쉬워서 만만한 어묵볶음도 양념 하니 바꾸면 느낌이 확 달라져요. 간장과 고추장은 짜장가루로 대신하고 감자와 양파까지 큼지막하게 썰어 넣으면 푸짐한 일품요리 못지않답니다.

4인분

필수 재료
어묵(1봉=180g), 양파(½개), 감자(1개)

선택 재료
당근(¼개)

양념
짜장가루(2.5), 올리고당(1), 참기름(0.3), 참깨(약간)

1

어묵은 한입 크기로 썰고, 양파, 감자, 당근도 비슷한 크기로 납작 썰고,

2

물(⅔컵)에 짜장가루(2.5)를 풀어 섞고,

3

중간 불로 달군 팬에 식용유(1)를 두른 뒤 감자와 당근을 넣어 3분간 볶고,

4

어묵과 양파를 넣고 볶다가 양파가 반투명해지면 짜장가루 푼 물을 붓고,

5

국물이 자작해지면 불을 끄고 올리고당(1)과 참기름(0.3)을 넣어 가볍게 섞은 뒤 참깨를 뿌려 마무리.

은은한 카레의 풍미
카레김치볶음밥

기본 중의 기본! 김치볶음밥의 새로운 변신이에요.
늘 먹어오던 평범한 김치볶음밥에 마법의 카레가루를 솔솔~
입맛 당기는 은은한 카레향과 아삭한 김치 그리고 고슬고슬한 밥의 조화가
한 접시에! 여기에 달걀프라이도 얹어야죠. 노른자 톡 깨 밥에 비벼 보세요.

카레가루

1인분

필수 재료 양파(¼개), 김치(½컵), 다진 돼지고기(½컵=75g), 밥(1공기)
선택 재료 달걀(1개)
양념 소금(약간), 후춧가루(약간)
카레물 카레가루(1.5)+물(2)

1 양파와 김치는 굵게 다지고,

2 식용유(1)를 두른 팬에 돼지고기를 넣고 중간 불에서 소금(약간), 후춧가루(약간)를 뿌려가며 볶다가 양파와 김치를 넣고 30초 정도 볶고,

3 카레물과 밥을 넣어 볶고,

4 달걀프라이를 해 카레 김치볶음밥에 얹어 마무리.

맛도 향도 은은하게
카레리소토

2인분

필수 재료 청·홍피망(각 ½개씩), 밥(1½공기)
Tip > 찬밥도 좋아요.
선택 재료 칵테일새우(½컵)
양념 카레가루(2.5), 후춧가루(약간), 생크림(⅓컵)

❶ 피망은 씨를 제거한 뒤 굵게 다지고,
❷ 냄비에 찬밥과 물(1½컵), 카레가루, 후춧가루를 넣어 중간 불로 끓이고,
❸ 끓어오르면 피망과 칵테일새우를 넣어 저어가며 중약 불로 1~2분 정도 더 끓이고,
❹ 걸쭉해지면 생크림을 넣고 살짝 더 끓여 마무리.
Tip > 오븐용기에 리소토를 담은 뒤 슈레드 모차렐라치즈를 얹어 오븐에 살짝 구우면 도리아로 즐길 수 있어요. 닭고기, 햄, 참치, 옥수수, 완두콩 등 속재료는 다양하게 활용할 수 있어요.

닭고기 누린내를 확 잡아줘요
카레닭볶음탕

평범한 닭볶음탕에 카레가루 하나로 특별함을 더했어요.
카레가루만 뿌렸을 뿐인데 확 달라진 맛에 깜짝 놀랄 거예요.
매운 거 잘 못 먹는 아이들도 카레닭볶음탕 앞에서는 문제없어요.
카레향이 배어 있는 촉촉한 닭고기 살과 채소들로 든든한 한끼
준비해보세요.

카레가루

4인분

필수 재료 대파(15cm), 양파(1개), 감자(2개), 당근(⅓개), 닭(닭볶음탕용 1마리)
닭 삶는 재료 대파 푸른 잎(2대), 통후추(0.2), 청주(2)
양념장 설탕(3)+고춧가루(3)+카레가루(5)+간장(3.5)+고추장(2)+다진 마늘(1.5)

1 대파는 어슷 썰고, 양파는 8등분하고, 감자와 당근은 큼직하게 썰어 모서리를 둥글게 다듬고,

2 끓는 물(5컵)에 **닭 삶는 재료**, 닭을 넣고 5분 정도 삶아 건지고,

3 삶은 닭에 **양념장**, 물(2½컵), 감자를 넣어 중간 불로 10분간 끓이고,

4 당근과 양파를 넣어 10분간 더 끓인 뒤 대파를 넣고 3분간 끓여 마무리.

카레의 향긋함이 입에 착~
카레닭조림

2인분

필수 재료 닭가슴살(2쪽=250g), 느타리버섯(1줌), 양파(½개)
선택 재료 쪽파(2대), 메추리알(10개)
닭 삶는 재료 양파 껍질(1개 분량), 마늘(2쪽), 소금(0.2)
카레양념 카레가루(2)+설탕(1)+고춧가루(0.3)+간장(1)+물(1컵)
Tip > 약간 매운 맛 카레를 사용해도 좋아요.

❶ 냄비에 물(4컵)과 **닭 삶는 재료**를 넣고 끓어오르면 닭가슴살을 넣어 불을 끈 뒤 뚜껑을 덮어 5분간 익히고,
Tip > 양파 껍질, 마늘이 닭누린내를 잡아줘요.
Tip > 뚜껑을 덮어 은은하게 익히는 것이 부드럽게 삶는 포인트예요.
❷ 닭가슴살만 건져 한 김 식힌 뒤 굵게 찢고
❸ 느타리버섯은 결대로 찢고, 양파는 굵게 채 썰고, 쪽파는 송송 썰고, 메추리알은 삶아 껍질을 벗기고,
Tip > 깐메추리알을 구입하면 편해요.
❹ 냄비에 카레양념과 닭가슴살을 넣어 중간 불에서 끓이고,
Tip > 중간중간 뒤적이며 골고루 익혀요.
❺ 국물이 절반으로 줄면 느타리버섯, 양파, 메추리알을 넣고 약한 불로 졸이고,
❻ 국물이 졸여지면 불을 끄고 그릇에 담아 쪽파를 뿌려 마무리.

3분 요리의 신분 상승
카레보나라우동

즉석 카레와 생크림을 믹서에 곱게 갈아
부드러운 우동소스를 만들었어요.
레시피대로 만들면 와인 안주로, 고춧가루를
추가하면 매콤한 맥주 안주로 좋아요.
달걀프라이와 어린잎채소를 곁들여 풍성하게
즐기세요!

2인분

필수 재료
즉석 카레(200g×2봉),
생크림(1컵),
우동면(200g×2봉),
페페론치노(8개)
Tip > 페페론치노가 없다면
마른 고추(1개)를 사용해요.

선택 재료
달걀(2개), 파르메산
치즈가루(1),
어린잎채소(1줌)

1
믹서에 카레와 생크림을
넣어 곱게 갈고,

2
끓는 물(4컵)에 우동면을
넣어 2분간 삶아 체에 밭쳐
물기를 빼고,

3
팬에 카레크림을 붓고
페페론치노를 넣어 중간
불에서 끓이고,

4
끓어오르면 우동면을
넣어 고루 섞고,

5
중간 불로 달군 팬에
식용유(2)를 둘러
달걀프라이를 하고,

6
접시에 카레우동과
달걀프라이, 어린잎채소를
담고 파르메산 치즈가루를
뿌려 마무리.

뿌리채소카레볶음
소금을 줄여도 맛있는 비법은?

뿌리채소카레볶음 건강한 반찬으로 카레를 넣고 휘리릭 만드는 채소볶음을 추천합니다. 소금을 적게 넣어도 카레 덕분에 감칠맛이 살아 있어요. 냉장고 속 채소를 마음껏 활용해보세요.

3인분

필수 재료
연근(10cm=150g),
우엉(15cm=50g)

선택 재료
당근(⅓개), 브로콜리(⅕송이)

양념
식초(1), 소금(0.2), 간장(1.5),
카레가루(0.5), 다진
마늘(0.3), 올리고당(1.5),
후춧가루(약간), 참기름(0.5),
통깨(약간)

1

연근과 우엉, 당근은 껍질을 벗겨 한입 크기로 썰고, 브로콜리도 한입 크기로 썰고,

2

끓는 물에 식초(1)를 넣고, 연근과 우엉을 2~3분 데치고,

3

브로콜리는 소금(0.2)을 넣은 끓는 물에 데치고,

4

식용유(1)를 두른 팬에 당근을 넣고 볶아 반 이상 익으면 연근과 우엉을 넣어 2~3분간 더 볶고,

5

브로콜리를 넣고 간장, 카레가루, 다진 마늘, 올리고당, 후춧가루, 참기름을 넣고 한 번 더 볶은 뒤 통깨를 뿌려 마무리.

입에 착착 감기는 쫄깃함
쌈장장떡

간편하게 부치기 좋은 장떡이에요.
별다른 재료 없이 쌈장으로만 맛을 냈거든요.
부침가루를 넣어 바삭하게 부치는 게 포인트!
쌈장 하나면 별 다른 간이 필요 없어 만들기도 참 쉬워요.
넉넉히 지져 밥반찬이나 술안주로 즐겨보세요.

······················· **2인분** ·······················

필수 재료 양파(⅓개), 부추(½줌), 쌈장(3), 부침가루(1컵)

1 양파는 채 썰어 길이를 반 썰고, 부추는 비슷한 길이로 썰고,

2 물(¾컵)에 쌈장(3)을 풀은 뒤 부침가루를 넣어 마른 가루가 보이지 않도록 섞고,

3 양파와 부추를 버무리고,

4 중간 불로 달군 팬에 식용유(2)를 두르고 반죽을 올려 앞뒤로 노릇하게 구워 마무리.

쌈 싸먹어도, 밥에 비벼도 맛있어요
마늘종쌈장

1인분   **필수 재료** 마늘종(2대), 마늘(1쪽), 들깻가루(1), 매실액(1), 들기름(0.5), 쌈장(3)

❶ 마늘종은 송송 썰고, 마늘은 곱게 채 썰고, 나머지 재료와 섞어 마무리.

섞어서 바로 만드는
홈메이드쌈장

1인분   **필수 재료** 된장(1), 고추장(0.5), 다진 마늘(0.5), 올리고당(1), 참기름(0.5)

❶ 준비한 재료를 모두 섞어 마무리.

혼자서도 삼겹살 파티
삼겹김치쌈밥

혼자 고기 구워 먹기는 부담스럽잖아요.
냉동실에 남은 삼겹살 몇 줄 구워 잘 익은 김장 김치 씻어서 돌돌 말아보세요.
새콤한 김치와 고소한 삼겹살, 짭조름한 쌈장의 조화가 진짜 고깃집 온 느낌!
밥이 들어가서 간도 딱 맞아요.

필수 재료 김치(6장), 삼겹살(2~3줄=150g), 밥(1공기)
Tip > 자르지 않은 포기김치를 사용해요.
선택 재료 청양고추(1개), 쌈장(적당량)

1 김치는 흐르는 물에 양념을 헹군 뒤 물기를 짜고, 청양고추는 송송 썰고,

백김치라면 소를 털고 물기만 짜서 사용해요.

2 중간 불로 달군 팬에 삼겹살을 노릇하게 구워 길게 자른 뒤 키친타월에 밭쳐 기름기를 빼고,

3 랩 위에 배추김치 3장씩 살짝 겹치게 올리고,

덜익은 김치는 두툼한 줄기 부분을 얇게 포 떠서 사용해요.

4 밥(½ 공기)을 절반만 편 뒤 삼겹살(2~3쪽)을 올리고,

삼겹살이 너무 길면 적당히 잘라 얹으세요.

5 단단하게 말고,

6 한입 크기로 자른 뒤 랩을 벗겨 쌈장과 청양고추를 얹어 마무리.

처음부터 속에 넣고 말아도 돼요.

간 맞추기 어렵지 않아요
베이컨버섯쌈장볶음밥

쌈장으로 맛을 낸 볶음밥이에요.
맛의 풍미와 식감을 살리기 위해 고소한
베이컨을 작게 썰어 넣었답니다.
달면서도 짭조름한 맛이 일품인 쌈장의 매력이
고스란히 배어있어요.
처치곤란 식은 밥에 써먹기 딱 좋은 요리예요.

> 베이컨에서 나오는 기름에 마늘향이 밸 수 있도록 약한 불에서 천천히 볶아요.

1인분

필수 재료
표고버섯(1개), 마늘(3쪽),
베이컨(2줄), 밥(1공기)

양념
쌈장(0.5), 후춧가루(0.1)

1

표고버섯은 밑동을 제거한 뒤 얇게 썰고, 마늘은 납작 썰고, 베이컨은 작게 썰고,

2

팬에 식용유(3)를 두른 뒤 마늘과 베이컨을 넣어 약한 불로 볶고,

3

베이컨에서 기름이 나오면 버섯을 넣어 볶고,

4

밥을 넣어 고루 저어가며 볶고,

5

양념을 넣어 고루 간이 배도록 섞어가며 볶아 마무리.

캠핑요리 No.1
쌈장목살볶음

쌈장을 곁들인 양념장에 목살을
버무려 볶으면 끝! 만들기 간단해 집에서
초스피드로 또는 야외 활동 시 해먹기
딱 좋아요. 그냥 밥에 얹어 먹어도 좋고,
상추나 깻잎에 푸짐하게 담아
한입 가득 즐겨보세요.

1인분

필수 재료
양파(⅓개), 돼지고기
볶음용(100g), 상추(1줌)
Tip > 한 입 크기로 썰어
준비해요.

선택 재료
마늘(3쪽), 깻잎(5장)

쌈장 양념장
쌈장(2)+청주(1)

1

양파는 채 썰고, 마늘은
납작 썰고,

2

볼에 돼지고기와 양파,
마늘 **쌈장 양념장**을 넣어
버무리고,

3

중간 불로 달군 팬에
식용유(0.5)를 둘러 양파와
마늘, 돼지고기를 볶고,

4

접시에 담은 뒤 상추와 깻잎을
곁들여 마무리.

담백한 쇠고기의 향연
쇠고기덮밥

일본인들이 즐겨 먹는 쇠고기덮밥을 집에서 만들어보세요.
쇠고기덮밥의 메인인 달달한 쇠고기는 쯔유가 책임질게요.
버섯과 양파가 함께 어우러져 질림 없이 먹을 수 있다는 것도 매력 포인트죠.
반찬이 따로 없거나 입맛 없을 때 만들어 먹기에도 딱 좋아요.

························· 1인분 ························· ········

필수 재료 양파(⅓개), 팽이버섯(½줌), 쇠고기 불고기용(100g), 밥(1공기)
선택 재료 쪽파(1대), 달걀(1개)
양념 쯔유(2), 후춧가루(약간)

1 양파는 채 썰고, 팽이버섯은 밑동을 제거하고, 쪽파는 송송 썰고,

2 쇠고기는 키친타월에 올려 핏물을 뺀 뒤 **양념**을 넣어 버두리고,

3 식용유(1)를 두른 팬에 쇠고기와 양파를 넣고 중간 불로 2분간 볶다가 팽이버섯을 살짝 볶아 불을 끄고,

4 그릇에 밥과 볶은 쇠고기, 달걀노른자를 얹고 송송 썬 쪽파를 뿌려 마무리.

섞어서 바로 만드는
홈메이드 쯔유

2/3분량 : **필수 재료** 물(1컵), 가쓰오부시(⅓컵), 간장(2), 맛술(1)

❶ 물(1컵)이 끓어오르면 불을 끄고 가쓰오부시(⅓컵)를 넣어 뚜껑을 덮고 5분간 우린 뒤 체에 거르고, 간장(2)과 맛술(1)을 섞어 마무리.

Part 3 · 217

뜨끈한 국물이 생각나는 날
김치어묵우동

뜨끈한 국물이 간절할 때 우동이 절로 떠올라요.
한 국물 떠먹으면 속 깊숙한 곳까지 절로 따뜻함이 느껴져요.
쯔유를 넣어 국물의 진한 맛을 더했고요. 탱글탱글한 우동면이 호로록
먹는 즐거움을 더하네요. 향긋한 쑥갓과 매콤한 김치까지 어우러져
밤마다 생각나는 야식 메뉴가 될 거예요.

······················· **1인분** ·······················

필수 재료 김치(1컵), 유부(3개), 우동면(1개=200g), 쯔유(3)
선택 재료 대파(7cm), 쑥갓(1대)

1 대파는 송송 썰고, 김치는 작게 썰고, 유부는 1cm 폭으로 썰고,

2 끓는 물(3컵)에 우동 면을 넣고 2분 정도 삶아 건진 뒤 유부도 가볍게 데쳐 건지 고,

불을 끄기 전에 간을 보고 부족한 간은 쯔유로 맞춰요.

3 냄비에 물(2½컵)과 쯔유(3)를 부어 끓어오르면 우동면과 유부를 넣고 1분 정도 끓이고,

4 그릇에 담고 송송 썬 대파와 김치, 쑥갓을 얹어 마무리.

산뜻한 기본 안주
일본식연두부

2인분

필수 재료 연두부(2모×250g)
선택 재료 쪽파(2대)
양념장 설탕(1)+쯔유(4)+물(⅔컵)

❶ 연두부는 정사각형으로 자르고, 쪽파는 송송 썰고,
❷ **양념장**을 만들고,
❸ 접시에 연두부를 담고 양념장을 부은 뒤 쪽파를 얹어 마무리.

부담 없이 후루룩
미니냉모밀

진하고 깊은 육수가 일품인 냉모밀이에요. 메인 요리와 함께 곁들이기 딱 좋은 사이즈와 양이랍니다. 육수에 풍미를 더할 무와 채소, 고추냉이 곁들이기는 필수! 더욱 시원하게 즐기기 위해서는 살얼음이 생길 정도로 얼려주세요. 한입 쭉 들이키면 명치까지 찌릿찌릿 시원함이 느껴져요.

2인분

필수 재료
쯔유(½컵), 대파(1대),
메밀국수(1⅓줌)

선택 재료
방울토마토(2개),
고추냉이(0.4), 간 무(3)
Tip > 무순이나 채 썬 오이를 사용해도 좋아요.

1

쯔유(½컵)와 물(3컵)을 섞은 뒤 냉동실에서 2시간 정도 살얼음으로 얼리고,

2

방울토마토는 반으로 썰고, 대파는 송송 썰고,

3

끓는 물에 메밀국수를 넣고 4~5분 정도 삶아 건져 찬물에 헹궈 물기를 빼 그릇에 담고,

4

메밀국수에 육수를 부은 뒤 방울토마토와 대파를 얹고 고추냉이와 간 무를 곁들여 마무리.

간 무와 고추냉이가 개운한 맛을 더해줘요.

똘똘 뭉친 영양 덩어리
미역두부볼튀김

일본식 두부튀김이에요.
바삭하게 튀겨 바로 먹으면 고소함이 솔솔~
아이들 간식이나 술안주로도 좋고요.
이유식으로도 손색없어요. 촉촉하게 조리면
짭조름한 밥반찬이 된답니다.

2인분

필수 재료
두부(1모), 불린 미역(½줌),
새우살(⅓컵), 밀가루(4)

선택 재료
당근(1/5개), 쯔유(4)

양념
간장(1), 맛술(1), 소금(0.1)

1
두부의 물기를 꼼꼼히 제거해야 튀길 때 부서지지 않아요.
두부는 칼의 옆면으로 곱게 으깬 뒤 면포로 감싸 물기를 짜고,

2
씹는 맛을 원한다면 새우는 굵게 가져요.
당근, 불린 미역, 새우살은 다지고,

3
손질한 재료에 밀가루(4)와 양념을 넣고 섞어 한입 크기로 동그랗게 빚고,

4
기름에 나무젓가락을 넣어 2~3초 후에 기포가 올라오면 알맞은 온도예요.
팬에 반죽이 잠길 만큼 식용유를 붓고 170℃로 달궈 노릇하게 튀기고,

5
쯔유(4)와 물(2)을 섞은 뒤 두부 튀김에 부어 마무리.

간장(2)+맛술(2)+물(1컵)을 냄비에 끓인 뒤 한 김 식힌 튀김을 넣어 가볍게 졸여도 맛있어요.

index

ㄱ

감자샐러드	25
감자햄볶음	129
고등어무조림	49
고등어찜	49
고추간장군만두	175
고추장어묵볶음	58
골뱅이묵상추무침	157
골뱅이파무침	156
골뱅이파전	161
굴짬뽕만둣국	179
김치어묵우동	218
김치잡채덮밥	74
꽁치간장조림	162
꽁치김치찜	167
꽁치난반즈케	164
꽁치무조림	163
꽁치소시지김치찌개	166
꽃빵을 곁들인 고추어묵잡채	60

ㄴ

나물전	68

ㄷ

단호박범벅	23
단호박죽	23
닭가슴살부리또	143
닭가슴살숙주볶음	139
닭가슴살초무침	140
닭가슴살취나물김밥	142
닭강정	172
닭고기비빔쌀국수	141
닭고기우엉간장밥	54
데리야키소스조림덮밥	138
도라야끼	154
돈가스꼬치	169
돈가스샐러드	168
돈가스샐러드토스트	170
동남아풍골뱅이샐러드	160
돼지고기숙주볶음	35
돼지고기콩나물볶음	39
두부간장조림	44
두부김치그라탕	181
두부붓이	44
떠먹는불고기피자	92

ㅁ

마늘종쌈장	211
만두그라탱	177
만두탕수	176
매운어묵배춧국	000
매콤깐풍돈가스	173
멸치볶음	112
멸치볶음주먹밥	116
멸치비빔국수	114
무말랭이메밀국수	78
무말랭이무침	76
무말랭이오믈렛덮밥	80
무사카	180
미니냉모밀	220
미역두부볼튀김	221
미트볼	184
미트볼스파게티	37

ㅂ

바나나초코칩머핀	188
바나나티라미수	189
배추된장무침	31
베이컨버섯쌈장볶음밥	214
베트남식샌드위치(반미)	000
불고기	88
불고기전골	90
브로콜리무침	33
브로콜리베이컨볶음	33
비빔당면	66
비빔만두	174
뿌리채소카레볶음	209

ㅅ

삼겹김치쌈밥	212
삼색나물	64
설탕핫도그	190
소프트롤케이크	191
쇠고기덮밥	216
순두부된장찌개	35
스팸돈부리	131
스팸무스비	127
스팸오코노미야키	126
시금치나물 2종	29
시금치새우전	29
식빵잼쿠키	197
쌈장목살볶음	215

쌈장장떡	210	장조림야끼우동	98	코코넛프렌치토스트	194
ㅇ		제육묵은지짜글이	39	코티지파이	25
양파볶음햄구이밥	130	제육볶음	100	콘슬로우	134
어묵무침	43	제육볶음케사디야	104	콩가루인절미빙수	150
어묵전	43	제육치즈볶음밥	102	클럽샌드위치	196
어묵짜장볶음	203	진미채두부전	122	**ㅌ**	
어묵쫄면	62	진미채무침	118	타코라이스	185
오이장아찌	82	진미채삼각김밥	120	통식빵잼토스트	193
오이지맛살유부초밥	86	짜장떡볶이	198	**ㅍ**	
오이지무침을 올린 물국수	84	짜장오삼불고기	200	팥아이스크림	153
오징어간장조림	47	짜장제육불고기	201	팥인절미춘권피말이	155
오징어김칫국	47	짜장핫도그	199	팥죽	152
오징어볶음	106	**ㅊ**		팬케이크	186
오징어볶음국수	108	참치고추냉이크래커	147	팬피자	27
오징어오코노미야키	110	참치달걀구이토스트	148	프리타타	128
옥수수게맛살전	133	참치마요덮밥	145	**ㅎ**	
옥수수김밥	136	참치샐러드비빔밥	144	하와이안닭불고기피자	41
옥수수빠스	132	참치스카치에그	149	햄버그스테이크	37
옥수수참치전	137	참치전	146	햄치즈프렌치토스트	194
우엉김밥	56	채소듬뿍짜장	202	허니버터토스트	192
우엉조림	52	채소볶음 2종	27	홈메이드쌈장	211
원디시아이스크림	187	청경채물만두볶음	178	홈메이드쯔유	217
이탈리안함박스테이크	182	치뱅튀김	158		
일본식연두부	219	**ㅋ**			
ㅈ		카레김치볶음밥	204		
잡채	70	카레닭볶음탕	206		
잡채전골	72	카레닭조림	207		
장조림	94	카레리소토	205		
장조림버터볶음밥	96	카레보나라우동	208